NACIDOS PARA LA FAMILIA

JAVIER ROS

NACIDOS PARA LA FAMILIA

Una defensa de la primera sociedad

EDICIONES RIALP
MADRID

© 2025 *by* Javier Ros
© 2025 *by* EDICIONES RIALP, S.A.
   Manuel Uribe 13-15, 28033, Madrid
   (www.rialp.com)

Preimpresión: www.produccioneditorial.com

ISBN (edición impresa): 978-84-321-7102-4
ISBN (edición digital): 978-84-321-7103-1
ISBN (edición bajo demanda): 978-84-321-7104-8
ISNI: 0000 0001 0725 313X
Depósito legal: M-10338-2025

Impreso en España   *Printed in Spain*

Anzos, S. L. - Fuenlabrada (Madrid)

ÍNDICE

INTRODUCCIÓN

HABLAR DE LA FAMILIA siempre es delicado y arriesgado. Es delicado porque todos tenemos relaciones familiares que forman parte de lo más íntimo, de aquello que nos ha conformado. Cuando abordamos el tema familiar, todos nos vemos involucrados, tanto el que escribe como el que lee. Todos somos «especialistas», a nuestro modo, en este campo. Nos reconocemos en lo que se dice, se nos confirman experiencias vividas y, al mismo tiempo, nos sentimos desahuciados cuando percibimos que nos cuesta o no podemos alcanzar las grandes posibilidades que solo la familia consigue proporcionarnos. En definitiva, podemos afirmar de entrada que hemos nacido para la familia, es nuestro ecosistema natural y nuestro espacio social primigenio.

Somos seres familiares, pues la familia está en la base de nuestro ser persona, tanto por el exceso de relaciones familiares como por su defecto, nos guste más o nos guste menos, queramos o no.

Al mismo tiempo es arriesgado abordar este tema porque hoy en día no se puede hablar de familia sin encontrarnos con el rechazo a aceptarla como una realidad fundamental que nos viene dada y que no depende de nuestros deseos. Frente a las diversas concepciones actuales de la familia, no podemos dejar de mostrar que la familia es una realidad concreta, ciertamente con una gran capacidad de adaptación, pero sobre la que hay una verdad.

A lo largo de este texto iremos transitando por estos temas para descubrir cómo hemos llegado al modo de entender y vivir las relaciones familiares en la sociedad actual. Junto con ello, plantearemos los rasgos que definen la familia como realidad irreductible cargada de bienes que posibilitan el desarrollo integral de las personas y, a la vez, la humanización y sostenibilidad de la vida en sociedad. Tras la lectura de estas páginas podremos concluir la centralidad de la familia en la existencia humana y el hecho de que todo ataque o descomposición de la vida familiar conlleva la pérdida de lo que hay de humano en las relaciones sociales. La familia es la primera sociedad, como la define Scott Hahn, es previa al individuo, como veremos más adelante, y es el origen de cualquier modelo social de todo tiempo histórico y en cualquier lugar de la geografía social actual. Es cierto que hay sociedades, como las escandinavas o las de la Europa Occidental, donde la familia parece que se ha reducido a su mínima expresión o incluso se habla de su desaparición. No obstante, sería muy interesante y productivo deshacernos de toda ideología y observar desde una perspectiva familiar las graves problemáticas personales y comunitarias de estos supuestos países modernos que dicen «haber superado» la institución familiar. Quizás no haga falta tanto y sea suficiente con vivir allí unas semanas para darse cuenta e incluso sufrirlo.

Analizando las series o películas que nos ofrecen las plataformas de *streaming*, parece que la familia sea lo más retrógrado que hay, y en ella se encuentre el origen de muchos de los males que nos aquejan. ¡Qué daño hicieron series como *Friends* y similares! «Dónde estén los amigos, que es la familia que se elige dicen algunos, que se quite la familia». «Qué maravillosas son las relaciones sin compromiso, las parejas de hecho y la vida sin hijos que solo hacen impedir la promoción laboral o personal».

Puede parecer que la familia ha pasado de moda, pero si atendemos a las encuestas más recientes nos encontramos un panorama bien distinto. Según el estudio «Percepción, interés y motivación de las personas jóvenes por formar una familia» realizado por el Observatorio Social de la fundación La Caixa de finales del 2024, el 90 % de los jóvenes considera que la familia que le ha criado es muy importante en su día a día, mientras que el 80 % afirma además que esta es o será referente a la hora de formar la suya propia. Y más de la mitad de esos jóvenes concibe la familia como una estructura basada en el matrimonio. Junto con ello, dos de cada tres jóvenes tienen voluntad de contraer matrimonio, el 48 % de los cuales preferiría hacerlo por lo civil, mientras que el 32 % optaría por el rito religioso. Solo el 14 % dice no querer tener hijos, con todo, la fecundidad en España es de las más bajas del mundo, lo que se atribuye a las dificultades para la conciliación con el trabajo.

En el mismo sentido, en octubre del mismo año el CIS ha realizado el primer estudio sobre *Redes de apoyo*. En ella, los encuestados aseguran que los familiares constituyen la red de apoyo con la que más pueden contar en caso de necesidad con un 8,91 sobre 10. Si se observa la variable edad, la media más alta en la consideración de la familia como principal grupo de ayuda son los jóvenes entre 18 y 24 años, con un 9,12; las personas entre 25 y 34 años, con un 9,11; y las personas mayores de 75 años, con un 9,10.

Es decir, la familia sigue siendo importantísima en nuestro país. Es cierto que tendríamos que entrar en definir qué entienden por familia todos estos encuestados, pero ello no dejaría de mostrarnos que las relaciones «de la carne y la sangre» son decisivas tanto en la percepción como en la vida cotidiana de los españoles. Lo veremos a lo largo de los siguientes capítulos.

Vamos a hacer dos apuntes antes de comenzar.

El primero es que hay quien puede pensar que la situación de la sexualidad, el matrimonio y la familia no está tan mal porque siempre han existido parejas de hecho, abortos, anticoncepción, uniones del mismo sexo y relaciones fuera del matrimonio. Si bien esto es verdadero, hay una diferencia notable entre lo que sucedía «antes» en cualquier cultura y momento histórico, y lo que sucede «ahora» en nuestro Occidente poscristiano y postodo. La diferencia estriba en que todas estas situaciones que afectan a la vida familiar en la cultura que nos ha tocado vivir, desvalorizándola y disolviéndola se hallan legitimadas, promovidas, puestas como ejemplo de vida e incluso tuteladas por la legislación. Se llega a proclamar el aborto como un derecho, la promiscuidad sexual como progreso y las uniones libres como iguales o mejores que el matrimonio. Con anterioridad, efectivamente todas estas situaciones se dieron, pero siempre en la marginalidad cultural, como algo que había que tolerar si no había más remedio.

El cambio social, fruto de muchos factores que analizaremos en el primer capítulo, ha hecho que se difundan todas estas realidades alcanzando el estatus de normalidad y de avance de los derechos individuales. La consecuencia: la normalización y defensa ideológica de todo lo anteriormente dicho favorece su difusión, principalmente a través de las redes sociales, que hacen que cualquier fenómeno se expanda con gran rapidez y alcance a todos.

El segundo apunte es que, al hilo de lo que acabamos de decir, se piense que «cualquier tiempo pasado fue mejor». Esta afirmación nos deja indefensos por varios motivos. Por un lado, porque la nostalgia siempre está teñida emocionalmente y nos impide ver lo negativo de situaciones anteriores; esto también pasa muchas veces en la vida personal. El juicio y la valoración son erróneos. Por otra parte, porque es imposible la «retrotopía» que diría Zygmunt Bauman: las circunstancias han cambiado tanto que pretender retornar a lo pretérito es una utopía y, si se pudiera, sería poco operativa para responder a los desafíos actuales. Y, finalmente, porque hace que critiquemos mucho pero que, ante la imposibilidad del pretendido retorno, no actuemos.

El tiempo que nos ha tocado vivir es el mejor precisamente porque es el nuestro, en el que podemos actuar y en el que podemos hacer presente el gran regalo que es la vida y la familia. ¿Fueron mejores los años 30 en España con la gran crisis social, el genocidio religioso y la Guerra Civil? ¿O el siglo XIX con más de un millón de muertos en las olvidadas guerras carlistas? ¿O cuando en el siglo XIV la peste redujo la población a una tercera parte en tan solo unos años? Podríamos seguir.

Todas las generaciones han tenido el desafío de hacer presente la capacidad que tienen el amor, la entrega incondicional y la apertura a la vida para humanizar lo social. Nunca ha sido fácil. Tantas veces la precariedad de la vida, las limitaciones de las personas y los intereses de los poderosos han puesto trabas a poder vivir en plenitud la relación familiar. Pero ahí sigue, con sus más y sus menos, adelante.

Para desarrollar y apuntalar todas estas ideas y otras más, vamos a hacer el siguiente recorrido. En el primer capítulo presentaremos las características de la sociedad posmoderna que parece que ha superado toda limitación y se abre hacia el transhumanismo; una propuesta que desde finales del siglo XX ha modelado Occidente, pero a la que ya se le ven los límites que, por cierto, son abrumadores. Entendiendo las líneas fundamentales del mundo posmoderno o hipermoderno, como lo llaman algunos, podremos comprender mejor qué le pasa a la familia hoy y por qué sigue siendo decisiva.

En la segunda parte abordaremos las ideologías que bajo capa de ciencia han tratado el fenómeno familiar y lo han ido interpretando hasta convertir a la familia en algo nimio y especialmente peligroso para las personas. En un primer momento se explicarán las teorías antropológicas sobre el origen y la posible universalidad de la familia siguiendo la estela de Rousseau, Morgan, Engels, Mead y Lévi-Strauss. A continuación, recorreremos el pensamiento social sobre la familia en el siglo XX analizando las posturas del evolucionismo, el funcionalismo, Marx, el feminismo, la Escuela de Frankfurt, Giddens y Bauman. También haremos una breve referencia al papel de los medios de comunicación social en todo este montaje ideológico, porque al fin y al cabo es eso, un conjunto de creencias y prejuicios sesgados sobre la realidad, que han hecho que la vida familiar esté en pleno proceso de desconfiguración al tiempo que, de resistencia, a veces cayendo en el «familismo».

Seguidamente, se analizará con detenimiento la realidad familiar, intentando huir de todos los dogmas que la modernidad y la posmodernidad nos han hecho creer sobre la familia. Para ello, en un primer momento se precisará qué definiciones de familia se proponen en la sociedad actual y cuáles me parecen, tras un análisis reflexivo, más ajustadas a una visión realista de la persona y su vida en sociedad. En un segundo momento se definirá la familia como relación social básica cuyos pilares fundamentales e irrenunciables son el don, la diferencia, la desigualdad y la discriminación.

En la última parte haremos hincapié en las claves que definen a la familia como motor de la vida social y agente de salud social. Finalmente, no podíamos dejar de lado la especificidad de la familia cristiana como centro y eje de una concepción global que puede profundizar en la verdad de la relación familiar.

Que nadie se asuste al leer en esta introducción, tantos autores e ideas que, quizás, parezcan muy sesudas. Pueden serlo, pero hemos procurado realizar estas páginas con el fin de que sean accesibles, con un lenguaje cercano y con referencias a la actualidad. Con todo y con ello, hemos querido respetar el carácter científico y experiencial del tema que nos ocupa.

Empecemos.

I.
EL MUNDO POSMODERNO

HOY EN DÍA TODO ES EXPRÉS: comida exprés, viajes exprés, paquetes exprés, sexo exprés, relaciones exprés... «Lo veo, lo quiero, lo pido, lo pago, lo tengo» proponía, no hace mucho, una valla publicitaria, no importa de qué fuera. El caso es que nuestra sociedad sigue el mantra que Mark Zuckerberg lanzó en 2012: «muévete rápido». Esto ya es lo que proponían los ilustrados, aunque para ellos el tema de la velocidad solo llegó con las revoluciones liberales de principios del XIX. Desde ese momento, el pensamiento occidental ha pregonado las bondades de una sociedad que, con base en la razón y la ciencia, se pusiera en marcha hacia un futuro mejor. Mejor según para quien, claro, pues no tiene nada que ver la propuesta de Spencer de una sociedad racista —mejor para los *british*—, con la sociedad científica del francés Comte —mejor para los intelectuales—, con la sociedad liberal de Bentham o Mill —mejor para los ricos— o la supremacista de Nietzsche —mejor para altos, guapos, rubios y del norte— y, como no, con la igualitaria del comunismo —mejor para determinadas élites, pero esta vez con mayor manipulación si es que cabe—.

Claro, no podemos olvidar la segunda parte de la frase del chico de Silicon Valley: «…y rompe cosas»; si no nos deshacemos de lo viejo es imposible «avanzar» hacia ese futuro de prometido bienestar. «Déjate de tradiciones, sobre todo de la judeocristiana, de herencias y de ideas aprendidas, porque no encajan con lo nuevo, que siempre es mejor», invita el dogma de la modernidad. «No puede haber libertad si seguimos configurados en "modo sólido"», como diría Bauman si fuera *youtuber.* «Adáptate a lo que venga, vira hacia las nuevas experiencias, fluye según emane de tu interior, sé auténtico, no renuncies a ser quien deseas ser». Todo eso está muy bien, pero sin perder la seguridad, ¿o también?

Pero no solo se rompen cosas porque ya pasó su fecha de caducidad, sino porque la velocidad de los cambios, cada vez mayor, sea dicho de paso, conlleva que nos llevemos por delante casi todo. La prisa por cambiar es una necesidad imperiosa y adictiva de consumir cualquier tipo de experiencia que va dejando «cadáveres» por el camino. «Cadáveres» como la capacidad de atención, de contemplación o de constancia, llegando a arrinconar o aniquilar a cualquiera que necesite tiempo para vivir o sobrevivir: el no nacido, el niño, el discapacitado, el enfermo o el anciano, entre otros.

Vivimos, o hasta cierto punto nos hacen vivir, en un ambiente social solo apto para independientes, innovadores, veloces, autónomos, seguros, moldeables, guapos, sanos, fuertes y con metas maleablemente claras. El «otro» es un complemento prescindible y las relaciones caminan hacia su fin convertidas en un daño colateral. Como consecuencia, una sociedad de individuos solos, llenos de máscaras para esconder todo aquello que no se ajuste a la planificación de los gurús económicos, culturales y mediáticos, esculpidos en silicona, bótox y ácido hialurónico que no pueden perder el tren de la última tendencia, sea la que sea y lleve a donde lleve.

Al fin y al cabo si, en aras de la tolerancia, del respeto, de la educación y del «mi libertad acaba donde empieza la del otro», todo vale, cualquier meta es buena; claro que no es lo mismo acabar envuelto en el cuidado y el amor de la familia, a que un día encuentren tu cuerpo inerte tras no dar señales de vida desde hace meses. No obstante, si no hay opciones mejores porque todo es válido, lo que se desprende es que todo es igual. Es igual una sinfonía de Beethoven que una canción de trap, es lo mismo el David de Miguel Ángel que el plátano pegado con cinta americana a la pared y vendido por 6,2 millones de dólares en una subasta.

Creemos que todo esto no resiste a la crítica, por pequeña que sea. Es muy fácil y de «sentido común» darse cuenta del absurdo que contiene, de su falsedad.

Quedan pocos peregrinos que caminen hacia una meta trascendente, hay pocas almas utópicas que busquen una sociedad más humana sin perderse en los recodos de la fama o el dinero. Quedan pocos exploradores de las fronteras del espíritu, pocos son los líderes que sean configurados por sus propias ideas (sin tan siquiera analizar si hay bondad o maldad en ellas), escasos son los filántropos que no busquen la foto solidaria para Instagram. Ahora, los «vagabundos existenciales» inundan nuestros devenires, nuestras empresas, nuestras calles, nuestras tiendas (eso, sobre todo), el universo digital y, por qué no decirlo, nuestras comunidades cristianas. Los que sin criterio (normalmente porque han sido mal educados, en su sentido literal) vagan sin saber o sin valorar su origen, sin importarles hacia donde se encaminan, porque la vida se reduce a una sucesión neurótica de experiencias cada vez más excitantes, sin rumbo, ni brújula, ni timón.

Como se ha dicho, nuestra sociedad hipermoderna lo quiere todo de forma inmediata: que contesten al móvil en cualquier momento, que no te dejen el *wasap* en leído, que la cola del supermercado vaya rápido, que las comidas sean precocinadas, que una pulsera te permita acceder al instante a las atracciones de *Port Aventura*... Y junto a la inmediatez, se venera con pasión la tríada imagen, juventud y corporalidad: siempre a la última, sin grasa, con etiquetas *healthy*, con filtros para subir la foto de recién levantada, los cuerpos jóvenes de 75 años... Tampoco podemos olvidar el consumo como eje y motor de las relaciones: consumo de experiencias cada vez más intensas o excitantes, consumo de relaciones, consumo estético, de *gadgets*... Una posmodernidad que no soporta la espera, el desgaste, la arruga, el compromiso, el drama que siempre acompaña a una biografía vivida con intensidad y entrega, que no soporta la verdad sobre uno mismo: que estamos llenos de dones estupendos pero somos limitados y frágiles.

Quizá es injusto generalizar y meter dentro del mismo saco a tantos hombres y mujeres que son luz para el camino de otros. No serán muchos, sin embargo, cuando salimos de las modas y de las últimas tendencias, y miramos con un poco de sosiego y profundidad alrededor, nos encontramos con jóvenes comprometidos con el que sufre, como se ha visto en la DANA de Valencia, con familias que permanecen unidas contra viento y marea, con matrimonios de 50 años de fidelidad que se quieren de verdad, con niños enfermos atendidos por unos padres que entregan su vida para cuidarlos... Como la propuesta posmoderna es una ideología más y un proyecto de laboratorio basta con descender al otro, basta con mantener conversaciones un poco serias, basta con analizar bien los datos sociales para darnos cuenta de que la propuesta posmoderna no sacia al hombre y, además, lo sumerge en una espiral nihilista, en una vida desesperanzada. Vida esta que solo puede ser soportada con analgésicos de todo tipo: trabajo y más trabajo, fiesta, alcohol, drogas, sexo, series en vena o cualquier distractor alienante.

En un ambiente social así es difícil, pero no imposible, un compromiso de vida entregada como es el matrimonio y la familia. Realidades que siempre estarán frente a cualquier «escape» de la realidad porque no hay nada que nos sitúe más en nuestro sitio que las relaciones familiares. De ahí todo lo que vamos a exponer a continuación.

II.
LOS INICIOS DE LA FAMILIA

Para empezar a hablar de la familia es necesario plantearse en qué momento surgió, si la familia ha estado ahí desde siempre o es un invento humano. Responder a esta cuestión es decisivo porque si es algo creado por el hombre, en cualquier momento puede ser eliminado o modificado en función de distintas necesidades, normalmente de las de aquellos que tienen el poder y para quienes la familia es un serio impedimento para alcanzar sus objetivos. Ahora, si la familia es consustancial a la humanidad, si siempre ha existido porque sin ella es imposible que el ser humano surja y viva, desarrollándose integralmente como tal, la cuestión cambia. A lo largo de este capítulo vamos a intentar desmontar la idea de que la familia es pura construcción humana y que su origen está salpicado de intereses poco fiables.

Situémonos en el siglo XVIII, el planteamiento del filósofo suizo Jean-Jacques Rousseau fue que la sociedad surgió por un «contrato social», según el cual los individuos que habían vivido aislados hasta ese momento renunciaron a su libertad individual para dársela a una entidad superior, que luego se llamaría Estado. De esta manera los individuos podrían vivir mejor, alcanzando lo que se denominan «economías de escala y de aglomeración»: «Renuncio a hacer mucho de lo que quiero porque en el grupo voy a encontrar ventajas que superan las pérdidas de esta renuncia». En consecuencia, el individuo se constituía en la célula básica y originaria de la sociedad.

Nos llama la atención que, para un ilustrado, hijo de la razón y del empirismo, no fueron necesarias las pruebas arqueológicas, etnológicas o escritas que sustentaran dichos postulados. Quizá porque no los había. Siendo una hipótesis imposible de demostrar se ha convertido en una de las bases ideológicas de nuestras sociedades. Apenas estudiemos la historia de las primeras civilizaciones, descubriremos que el individuo nunca ha podido vivir aislado porque siempre es fruto de la unión de un hombre y una mujer. Si algo tenemos en común todos los humanos es el hecho de «ser hijos». Además, dado que el ser humano tiene un periodo de socialización largo, sin la vida familiar, los infantes nunca superarían las primeras fases de la vida. Todo ello sin contar con que existen los lazos afectivos y amorosos entre esposos, padres e hijos. Si hay algo identitario en lo humano es que el hombre es un «ser familiar». La propuesta de Rousseau, padre de la pedagogía contemporánea (donde igualmente sienta principios inasumibles que han contaminado toda la educación hasta la actualidad), es un dogma ideológico, que además se encuentra en la base de todos los sistemas sociales actuales.

Tras la propuesta roussoniana, que se cae por su propio peso, fue Henry Morgan, no el pirata, quien, en el xix, al hilo de las teorías darwinistas, aplicó el evolucionismo para describir el origen y el cambio familiar. Este británico fue el primero en romper con la idea de que la familia era una institución natural y, así, la convirtió en una realidad social y cultural, sin arraigo en la naturaleza humana.

En su exposición, la transformación del tabú del incesto explicaba el cambio familiar. Dicho tabú consiste en la prohibición de mantener relaciones de intimidad entre familiares de modo que, si esto sucede, los incestuosos son excluidos del grupo. Para Morgan, en un primer momento, se dio la familia consanguínea, donde este tabú no existía. Más tarde se avanzó hacia la familia «punalúa» donde se prohibían las relaciones sexuales entre hermanos, pero estos compartían mujer. Más adelante, apareció la familia «sindiásmica» donde la infidelidad matrimonial del varón era un derecho. Durante toda esta época, la prehistórica, hubo algo que fue una constante familiar: el matriarcado. Las mujeres eran quienes aseguraban la descendencia, los varones eran miembros errantes y el control del grupo recaía sobre ellas.

Ya en tiempo histórico el modelo es la familia patriarcal polígama, la que se basa en la unión conyugal de un hombre con varias mujeres. Todo este proceso desemboca en la familia monógama, que se fundamenta en la unión estable de un varón con una mujer y que, para este Morgan, su aparición iba unida a la propiedad privada de la tierra.

Todo este discurso es muy coherente para la época, pero es científicamente insostenible. La crítica es muy simple: tampoco hay evidencias arqueológicas, ni etnológico-evolutivas, ni fuentes escritas que sostengan científicamente todo el devenir evolutivo que propone Morgan. Lo mismo se puede aplicar a la existencia del matriarcado pues las fuentes más antiguas que hacen referencia a él son las greco-romanas, y cualquier historiador serio sabe que cuando hablan de pueblos que tenían esta institución lo hacen para denigrarlos, era pura propaganda. Si un pueblo era gobernado por mujeres, era señal inequívoca de su barbarie y era lógico y legítimo que se les conquistara o aniquilara. Además, hay fallos de concepto pues que el hecho de que una comunidad sea matrilineal, que quien marque la descendencia familiar sea la mujer, no se traduce necesariamente en matriarcado.

¿Qué queremos decir con todo lo anterior? Que el pensamiento de Morgan es una propuesta inválida, una hipótesis falsada que diría Popper. En lenguaje de la calle: un cuento chino. El gravísimo problema es que esta idea ha sido el fundamento de casi toda la explicación antropológica de la familia que ha venido después, especialmente en el marxismo.

El testigo de Morgan lo recogió Friedrich Engels, amigo de Marx, en una obra que ha marcado la historia social y cultural de Occidente desde su aparición en 1884, *El origen de la familia, la propiedad privada y el Estado*. Su aportación no es muy novedosa, de hecho, lo que hizo fue básicamente un «corta y pega» del pensamiento de Morgan. Su aportación decisiva fue insistir en el origen de la propiedad privada ligada a la monogamia, unir esto a la interpretación marxista de la historia y sentar las bases del feminismo. Según Engels el origen del matrimonio se encontraba en «atar» a la mujer al macho para que este supiera quiénes eran sus hijos, porque con una supuesta promiscuidad sexual tan elevada, el hombre era incapaz de conocer a ciencia cierta su descendencia. De esta manera el hombre sedentario y agricultor podía legar con seguridad a los de su sangre las tierras que tanto le había costado conseguir y mantener. Es decir, la familia surge por la dominación del hombre a la mujer y como instrumento para afianzar la propiedad privada.

Para el alemán, «el derrocamiento del derecho materno fue la gran derrota histórica del sexo femenino en todo el mundo. El hombre empuñó también las riendas en la casa; la mujer se vio degradada, convertida en la servidora, en la esclava de la lujuria del hombre, en un simple instrumento de reproducción» por lo que «la monogamia no aparece de ninguna manera en la historia como una reconciliación entre el hombre y la mujer, y menos aún como la forma más elevada de matrimonio. Por el contrario, entra en escena bajo la forma del esclavizamiento de un sexo por el otro, como la proclamación de un conflicto entre sexos, desconocido hasta entonces en la prehistoria».

Y volvemos a encontrarnos con el dogma que hay que creer sin posibilidad de crítica ni refutación, tan solo por la fe en su autor. Al igual que sucede con Morgan. La ausencia de cualquier evidencia científica para validar el comunitarismo primitivo es total, solo se sostiene por pura ideología al servicio de un modo erróneo de entender la realidad.

Pero no solamente esta es la cuestión, ¿dónde quedan los beneficios que, para la mujer, para la madre tiene la monogamia? ¿Qué papel juega el enamoramiento, los valores y la capacidad de decidir por encima de las circunstancias? ¿Es que tan solo el hombre y la mujer pueden relacionarse por la confrontación? ¿Dónde queda el bien de los hijos?

La conclusión es la misma que con el dogma de Morgan, desde un planteamiento muy sesgado y erróneo se sentaron las bases del análisis de las relaciones hombre-mujer, del matrimonio y la familia que llegan hasta hoy como veremos más adelante. Nuestra cultura está dominada por este sistema de pensamiento que la ha inundado, más allá de ser de derechas o izquierdas. Porque si la doctrina de Marx está de capa caída como sistema político, no es así en el ámbito del pensamiento.

Frente a estos modos de enfocar el origen de la familia es de especial importancia la aportación que hizo en el siglo xx el francés Lévi-Strauss. Tras múltiples estudios antropológicos a lo largo y ancho del planeta llegó a la conclusión de que, a pesar de las diferencias culturales, a veces grandísimas, todas las personas compartíamos una misma estructura lógica y simbólica. Había elementos culturales compartidos siempre. Es aquí donde aparece la familia: se trata de lo que él llamó un «universal cultural».

La familia se halla en todas las culturas porque responde a la estructura más íntima de la persona, de esta forma se puede afirmar que es una institución natural. Al mismo tiempo, al ser mutable y cargada de distintos significados según las culturas, es una institución cultural. Es decir, la familia es una realidad natural, consustancial al ser humano, pero al mismo tiempo capaz de adoptar diversas formas.

Lévi-Strauss rechazó que la monogamia no pudiera existir en las sociedades más primitivas pasando por encima de toda la caterva de ideologías y dogmas acientíficos de Morgan y Engels. Incluso no tuvo duda en afirmar que la familia nuclear (la de padre, madre e hijos en un mismo hogar) se puede reconocer en la compleja red de relaciones sociales de los pueblos primitivos, sea cual sea su nivel de desarrollo. Esto lo fundamentó en su amplio trabajo científico y en el hecho de que la familia cumple funciones básicas directamente relacionadas con lo básico de la existencia humana: la sexual, la procreadora, la de subsistencia y la socializadora.

Si avanzamos en el tiempo, una de las obras de antropología más influyentes en la revolución sexual de los 60 y en el ataque a la familia hasta nuestros días, fue la obra de Margaret Mead de 1928 *Adolescencia, sexo y cultura en*

Samoa. En ella, tras unos meses en la isla, la describió como un paraíso de libertad hetero y homosexual, donde había total igualdad entre varones y mujeres a todos los niveles, sin la represión propia de la cultura cristiana occidental. Con esta investigación Mead pretendió documentar etnológicamente las teorías de Morgan y Engels, y justificarlas científicamente. Sin embargo, con el tiempo se descubrió que la norteamericana estuvo en Samoa menos de un año, sin saber más que unas palabras del idioma nativo y viviendo con europeos. Toda su información la obtuvo de unas adolescentes samoanas que hablaban algo de inglés. El escándalo vino cuando se reconoció que los samoanos actuaban como quería Mead porque recibían a cambio gratificaciones monetarias. Con todo y con ello, Derek Freeman, antropólogo neozelandés, tras aprender el idioma samoano y pasar varios años allí atestiguó claramente que la entera investigación de Mead había sido un fraude porque carecía de todo rigor científico, la libertad sexual e igualdad de género reconocidas por Mead nunca existieron.

Tanto por unas investigaciones como por otras comprendemos que el tema de la familia es fundamental para el pensamiento occidental de los dos últimos siglos, lo que apunta a la centralidad de este fenómeno en la existencia de las personas y las sociedades. De ahí se desprende la gran cantidad de ataques a la familia: si se quiere reconfigurar la persona o la cultura según patrones ideológicos, la familia siempre es un obstáculo.

Estamos de acuerdo con Lévi-Strauss y otros tantos pensadores como Boudon, Burgos o Pérez Adán que afirman, cada uno a su modo, que lo natural en el hombre es «ser cultural». Y esto traducido a la relación familiar significa que lo propio del ser humano es «ser familiar», la familia es el «hábitat» propio de lo humano hasta el punto de que se da en todas las culturas. Evidentemente en cada una y en cada momento histórico de formas diferentes, algunas que responden mejor a la centralidad del don que configura a la familia, como explicaremos, y otras que están más alejadas.

Entonces, ¿desde cuándo existe la familia? Desde siempre, no hay ser humano, no hay humanidad sin familia. De ahí que cualquier estudio o propuesta cultural y política que vaya en contra de la familia, es un ataque directo a la persona y al ecosistema humano. No hay sostenibilidad social sin familia.

Las grandes ideologías sobre la familia

Una vez reflexionado sobre la manipulación a la que ha sido sometida la familia en el estudio sobre su origen, vamos a detenernos en las aportaciones que distintas corrientes de pensamiento han hecho sobre el tema desde hace casi 200 años partiendo, casi todas, de los dogmas antropológicos ya abordados. Ciertamente la gente de «a pie» no conoce estas perspectivas ideológicas, pero vamos a ver cómo prácticamente todas están en la mentalidad actual sobre el matrimonio y la familia, tanto en los medios de comunicación como en las políticas públicas o incluso en las conversaciones cotidianas.

Al acabar el capítulo podremos afirmar, sin miedo a equivocarnos, que el actual modo de entender y vivir las relaciones de intimidad, la familia... no es fruto de casualidades o de la planificación concreta de determinadas élites, sino de la conjunción de múltiples factores de distinto tipo: históricos, sociales, psicológicos, económicos, comunicacionales… Eso sí, con una gran base ideológica que se halla muy lejos de la realidad, pues la interpreta parcialmente y, por tanto, mal.

Desde el principio de los estudios sociales, la familia fue, junto con la educación y la religión, el campo de investigación preferente. El objetivo de los primeros sociólogos consistió en proponer modelos sociales que superaran la visión del cristianismo, que había sido la dominante hasta ese momento. Por tanto, era imprescindible modificar los pilares de la sociedad del momento: familia, educación y religión. Se buscó acabar con la presencia de Dios en la vida de los europeos y desligarse de «lo natural», porque si la familia y la fe, que luego se transmitían en la educación, eran naturales no se podía llevar a la sociedad a nuevas metas fruto de la reflexión ideológica que se pretendía.

Para los primeros sociólogos del xix, la familia era una institución que debía superarse, un residuo del Antiguo Régimen, una especie de «ortopedia» que entonces, con las nuevas sociedades avanzadas, no iba a ser necesaria pues el Estado y/o el mercado iban a proporcionar todo lo necesario. Además, la familia era un nido de corrupción y de mantenimiento de las élites: se favorece a los familiares, el ser «hijo de» pesaba demasiado en la movilidad, y el sistema social estaba basado en familias, las de los nobles, que ostentaban el poder. Por tanto, una sociedad moderna sería aquella en la que la familia habría desaparecido y en la que, si no desparecía por evolución natural, ya se encargarían pensadores y políticos de disolverla poco a poco en aras de una sociedad más libre y democrática, donde las personas no estuvieran «atadas» por los vínculos de sangre. Esto ya lo apuntaba Platón en el siglo IV a. C. en el libro quinto de su República ideal, que, visto con perspectiva, estaba a caballo entre una comuna hippie y un gobierno de las SS.

Más adelante, ya en el siglo XX, la corriente funcionalista entendió que la familia era una parte importante de la estructura social y que podía sufrir modificaciones en cuanto que era capaz de adaptarse a las necesidades de cada tiempo. Sin embargo, apuntaban que siempre sería imprescindible para la socialización y para la estabilidad emocional de los adultos. Esto está muy bien, pero para ellos la familia tenía una «forma» inalterable: padre, madre e hijos, a ser posible dos. Entonces, «¿qué hacemos con nuestras familias donde los abuelos viven con los hijos y hasta nos encontramos a temporadas con la tía soltera en casa?». Una versión de la familia muy a lo *american happy family*, esas familias de las series *yankees* de casas unifamiliares, reuniones con los vecinos en torno a la barbacoa y, quizás en lo alto de la colina, con un vecino como Eduardo Manostijeras.

Frente a estas concepciones, surgió el modo marxista de entender las relaciones familiares. Tomando como referencia la propuesta de Engels ya explicada, no podía haber igualdad social si la familia no se transformaba porque en ella germinaba la esencia de la desigualdad. En la familia burguesa, el padre actuaba a modo de capitalista que dominaba a la mujer como si fuera esta una proletaria, controlando su principal medio de producción: el útero. La mujer no podía decidir cuándo y cómo tener los hijos porque esto era prerrogativa del padre y este, además, se los arrebataba poniéndoles su apellido y teniéndolos a su servicio. Los hijos se equiparaban en el análisis marxista de la familia a la plusvalía económica.

Marx lo tenía claro cuando la revolución comunista triunfara: todas las estructuras sociales se harían igualitarias, también la familia. La familia dejaría de estar al servicio de la génesis y reproducción de las estructuras capitalistas desigualitarias para ser un lugar de igualdad radical y total entre sus miembros. En realidad, muy semejante a lo que hoy se nos vende como «familia democrática». Con todo, la deseada «libertad sexual» originaria no deja de ser un dogma acuñado por Engels, conocido por ser padre del socialismo, pero también por ser un próspero empresario textil.

A partir de los años 50 surgió con gran potencia el feminismo contemporáneo que, siguiendo los planteamientos marxistas, entendió que hombre y mujer se hallaban en esferas irreconciliables y en permanente conflicto. Frente a la ideología marxista que, haciendo la revolución cambiaría la familia, el feminismo más radical propuso la vía inversa: acabar con la familia para así transformar la sociedad.

Ya era hora de emancipar a la mujer dominada, controlada y reprimida por el varón mediante artimañas como la «trampa de la maternidad» de Simone de Beauvoir, o con el amor, que, según Shulamite Firestone era el «opio de la mujer». De esta manera Margaret Mead, la «fiable» antropóloga antes citada y principal promotora del aborto en Estados Unidos, proclamó la heterosexualidad como una perversión de la naturaleza; Kate Millet afirmó que todo acto sexual entre varón y mujer siempre era una violación; Germaine Greer defendió que las mujeres solo podrían realizarse plenamente entre ellas prescindiendo radicalmente de los varones y, de nuevo Firestone, apuntó a la reproducción artificial como arma definitiva de la liberación de la mujer frente al hombre, así como aniquilación de la familia. Vamos que el «descubrimiento» de Marx de la lucha de clases, ahora se aplicó a las relaciones entre los dos sexos; si para el primero no había capitalista bueno, para esta furibunda ideología no había hombre bueno y el objetivo se convertirá en poder llegar a casa «sola y borracha».

De nuevo la interpretación sesgada y contaminada de muchas creencias hace de esta praxis intelectual y política un elemento de desestabilización familiar y social. No se puede negar la discriminación de la mujer en tantas épocas y culturas, eso sería demagógico, pero no es menos cierto que el análisis histórico y social de la mujer está totalmente imbuido de marxismo cultural, por lo que es imprescindible la objetividad científica. Para muestra, dos datos históricos. El primero: a finales del XIX, en Francia, trabajaban en las fábricas varones y mujeres, lo que hacía que los salarios fueran muy bajos. ¿Solución? Presionar para hacer leyes que «metieran» a la mujer en casa, ellas encantadas por lo peligroso y duro de los trabajos fabriles, y así subirían los salarios. ¿Quiénes promovieron esto y lo consiguieron? Los sindicatos y partidos de izquierdas. El segundo: ¿Quién se opuso hasta el extremo durante la Segunda República española a que la mujer votara? Una gran parte de la izquierda liderada por Victoria Kent y con el apoyo incondicional del PSOE. Eso sí, ¿quién luchó hasta la extenuación para conseguirlo? Clara Campoamor, gran defensora de la maternidad y totalmente contraria al aborto que ya defendían en los años 30 en España sus compañeras diputadas de izquierdas.

Con todo, entender que las relaciones varón-mujer son de naturaleza conflictiva es un craso error. Todo el pensamiento de origen marxista, que es el prevalente en la cultura occidental actual, entiende que la dominación surge de la desigualdad que, a su vez, tiene su origen en la diferencia. De este modo si se elimina la diferencia sexual siendo todos iguales, desaparecerán desigualdad y dominación. Este silogismo es del todo punto claro, pero ¿dónde está el gazapo? En que sin la diferencia no hay posibilidad de «salir» al encuentro del sexual y personalmente diferente, «¿a quién voy a buscar si lo que me voy a encontrar es igual que yo?».

Junto con estos argumentos, hay un fundamento antropológico que parece que se nos escapa siempre. El ser sexuado no es una especie de «ropaje», no es algo que se pueda «poner y quitar» al gusto. Si pensamos y vivimos así, nos salimos de la realidad. Nos situamos como si la persona fuera la interioridad, la mente, y el cuerpo fuera una especie de carcasa o añadido que normalmente no acaba de estar al gusto de esa interioridad asediada, muchas veces, por traumas de la infancia, como puede ser el *acoso escolar*, y siempre por las modas e influencia de los patrones culturales al uso. Acabamos dándole la razón a Platón que entendía el cuerpo como cárcel del alma, y así vivimos escindidos. La proposición «Yo soy mi cuerpo» no es completa pero es reveladora de una verdad. Ciertamente soy mucho más que mi cuerpo, pero cuerpo. Las evidencias son claras: el sistema hormonal, la presencia de uno u otro sistema procreador, la capacidad de llevar una nueva vida dentro, las diferencias estructurales en el cerebro, y tantas más. Nuestro cuerpo marca nuestra existencia porque nos viene dado, es un regalo a través del cual somos y nos relacionamos.

Pero la cuestión no se resuelve aquí, casi al mismo tiempo que se desarrollaba el feminismo de la confrontación, los pensadores de la Escuela de Fráncfort, con Horkheimer, Adorno y Marcuse a la cabeza, aunarán los postulados marxistas con lo planteado por el padre del psicoanálisis, Sigmund Freud. Curiosamente Marx, Freud y muchos miembros de la mencionada escuela eran judíos, ahí queda eso.

El asunto es que todos estos ideólogos entendieron que la familia era el lugar donde se «fotocopiaba» la sociedad para que permaneciera todo como estaba, los de arriba, que siguieran arriba y los de abajo, abajo. Además, indicaron que lo que hacía la familia era «sumergir» a sus miembros, especialmente a los niños, en un ambiente de represión sexual para que no se dejaran llevar por la fuerza de la libido, por la fuerza primigenia de la vida. Había que evitar que fueran incontrolables y revirtieran la estructura social establecida por el dominador burgués. La familia se definió en esta ideología como una forma social de control y represión. Por esto, la propuesta de los años 60 fue que en ese momento el Estado ya podía garantizar la tranquilidad social y ya no era necesario reprimir la sexualidad, «Haz el amor y no la guerra», y por tanto, la familia sobraba. La libertad sexual total iba a hacer de la sociedad un lugar lleno de paz, amor y felicidad, *don't worry, be happy*. Y entonces llegó Mayo del 68 donde se imbricaron feminismo, liberación sexual, y movimiento *hippie*, todo ello acompañado por la difusión masiva de la recién inventada contracepción hormonal y el desembarco generalizado de las drogas, especialmente las sintéticas.

Los intelectuales de este Mayo del 68, que luego serán los referentes incuestionables del pensamiento posmoderno, fueron protagonistas en el año 1977 de dos peticiones totalmente deleznables. La primera fue la protagonizada por Sartre, Beauvoir y Foucault, entre otros, pidiendo en el diario francés *Le Monde* la liberación de Bernard Dejager, Jean-Claude Gallien y Jean Burckardt, acusados de realizar actos lascivos contra chicos y chicas de 13 y 14 años, con algunas afirmaciones que rozan la defensa de la pederastia. Meses más tarde, estos tres pensadores junto con figuras como Derrida, Althusser, Deleuze y Lyotard exigieron la derogación de varios artículos de la ley sobre la edad de consentimiento, con el fin de que desapareciera el límite de 15 años que se establecía en el nuevo Código Penal francés. Podemos comprender fácilmente que las políticas desarrolladas en España en los últimos años no son nada nuevo bajo el sol, simplemente son la aplicación de terribles propuestas de hace ya más de 40 años.

III.
HACIA EL CAMBIO FAMILIAR
Y SOCIAL

Lo que no contaron todos los defensores de la mal llamada «libertad sexual» fueron sus consecuencias a corto y medio plazo: el aumento de enfermedades de transmisión sexual, el aborto, la frustración existencial, la cosificación del otro... Además, hay que tener en cuenta que el Estado pocas veces es neutral, y sin el contrapeso de la familia y la labor educativa y de protección de esta, el Estado puede convertirse en el «Gran Hermano totalitario». ¿Qué tipo de antropología puede surgir cuando ponemos la sexualidad en el centro del ser humano? Solo una que nos convierte en esclavos del impulso sexual, con unos niveles espantosos de consumo pornográfico, con individuos arrastrados por las pasiones, incapaces de introspección y reflexión.

Todas estas ideologías que en los años 60 y 70 eran argumentadas por un número limitado de intelectuales y vividas por minorías, fueron calando poco a poco en las mentalidades, es decir, en los enfoques vitales de la gente corriente. Ya Adorno, perteneciente a la Escuela de Frankfurt, analizó y mostró el gran poder de los *mass media* para generar cultura. Ha sido a través de ellos por donde se ha producido la difusión y la generalización de la actual concepción de la sexualidad, el matrimonio y la familia.

Técnicas de comunicación y psicología social como la *agenda setting*, la teoría del cultivo, la ventana de Overton o la generación de la espiral del silencio han sido utilizadas para ir transformando la visión de la familia siguiendo las directrices y modas de las ideologías imperantes. De hecho, es necesario saber que Lipmann en la primera mitad del siglo XX afirmó que era imprescindible generar el consenso a través de los estereotipos para conducir a las poblaciones hacia la concepción de la realidad querida por el poder político. En esa misma época, Edward Bernays, publicista e inventor de la teoría de la propaganda y las relaciones públicas, aplicó el psicoanálisis como base para que la publicidad fuera efectiva y así conseguir que grandes empresas multiplicaran sus beneficios o que incluso Estados Unidos entrase en la Primera Guerra Mundial a pesar de la inicial oposición de la población a participar en el conflicto. También es significativo que Goebbels, ministro de propaganda nazi, sentó las bases de la comunicación del Estado como herramienta de manipulación de las masas. Es decir, la comunicación social tiene sus orígenes en el servicio al poder político y económico.

El poder político en general percibió que una población que se deja llevar por la impulsividad sexual era muy agradecida y rebajaba el nivel de crítica. Junto con ello se reducían las posibilidades de establecer relaciones significativas, es decir compromisos de carácter familiar, que actuaran de parapeto a las políticas públicas. Por otra parte, el poder económico de rostro capitalista se dio cuenta de que este tipo de individuos, cada vez más centrados en recorridos vitales hedonistas e individualistas, eran mejores consumidores y, para ello, se constituían en una mano de obra irreflexiva y cada vez menos reivindicativa. Es interesante que, en los años 40 del pasado siglo, el sociólogo Kingsley

Davies postuló la incompatibilidad entre la familia y el mercado, lo que era un entorpecimiento para el desarrollo capitalista. De esta forma propuso dos acciones muy concretas: fomentar las relaciones de intimidad extramatrimoniales y las formas hedonistas de familia, así como fomentar el «sistema escuela». Esta propuesta buscaba mantener a los hijos cuanto más tiempo en la escuela mejor porque así disminuiría la influencia de los padres en los hijos y sería el Estado, liberal y capitalista, quien conformara sus conciencias como trabajadores y, sobre todo, consumidores. Para ejemplo, las afirmaciones de la ministra Celaá de hace unos años diciendo que «los hijos no son de los padres».

Si hay divorcio hacen falta dos casas en vez de una, si los padres trabajan todo el día se consume más comida preparada, hacen falta más cuidadores... Con todo esto, con la promoción de las parejas de hecho y la vida en solitario, cae la natalidad y el consumo de productos con grandes márgenes de beneficio aumenta. Con un solo hijo o con ninguno se consume más ocio, más tecnología, más ropa... es decir, en vez de invertir los ingresos en el futuro a través del sostén y educación de los hijos, se gasta cada vez más en uno mismo. Y ya sabemos que cuando nos ponemos a gastar dinero en nosotros mismo «somos un pozo sin fondo». Todo el fenómeno de la disolución familiar, de la soledad y de hijos «abandonados» en el colegio y en casa, entre otros factores, favorece procesos adictivos, y la adicción es el éxito de cualquier empresario. El adicto consumirá siempre, de forma compulsiva y cada vez más en menos tiempo: ropa, trabajo, pantallas, juego…, cualquier cosa.

Visto lo visto se hace evidente que tanto para el Estado como para el libre mercado la familia aparecía como una realidad social que mermaba sus expectativas. Y no solo esto, sino que tanto a las ideologías progresistas de matriz marxista como a las ideologías neoliberales capitalistas les interesaba e interesa desestructurar la relación familiar.

Junto con todas estas cuestiones, otros factores también han influido en la configuración actual de la familia desde los años 60. Por citar algunos:

—La prolongación de los estudios medios y superiores, que ha hecho que los jóvenes accedan más tarde al mundo laboral y se aumenten los años de convivencia en la familia, con las novedades y dificultades que esto entraña.

—El aumento de la esperanza de vida que hace que lleguen a convivir, o al menos a establecerse relaciones, entre cuatro generaciones. Ello ha afectado especialmente a la generación intermedia que debe atender al mismo tiempo a hijos y abuelos, e incluso a nietos.

—La incorporación de la mujer al mundo laboral que, siendo de justicia, ha influido notablemente en una mayor ausencia de los padres en el hogar y una disminución de la atención de los niños.

—La difusión masiva de las pantallas que ha ido produciendo fenómenos de hiperconectividad al mismo tiempo que de aislamiento.

—Las dificultades económicas para la emancipación de los jóvenes que dificulta tremendamente la formación de una nueva familia.

Ya a finales del siglo XX destacan las teorías individualistas con exponentes como Giddens, Beck, Lash o Bauman. Partiendo del análisis sociológico iniciado por Weber a finales del XIX, para estos autores la pieza clave de la vida social son los individuos, de tal manera que sus percepciones y subjetividad son las que marcan las decisiones y las acciones. En lo referente a la familia la consecuencia es clara: la familia como célula social no existe, sino que el protagonista es el individuo. En función de esto, habrá tantos modelos de familia como individuos, y la existencia y duración de la relación familiar dependerá en todo momento de sus decisiones. Así, cuando se perciba que la relación afectiva, el matrimonio o la familia comporten para el sujeto más costes que beneficios, se podrá disolver la relación.

En este sentido el británico Giddens habla del «amor confluente», aquel que surge del contrato siempre revocable de dos individuos, independientemente de su sexo, que deciden unirse con fines simplemente emocionales. Así se llegaría a la llamada «relación pura», sin ataduras, sin compromisos, absolutamente desarraigada de cualquier vínculo estable, donde el sujeto siempre puede, y debe, decidir cómo vivirla y cuándo finalizarla. Esta ideología parte claramente de una visión maniquea de la persona, donde la corporalidad es secundaria y lo único valioso es el mundo interior, especialmente el emocional, como ya se ha descrito anteriormente. Además, se pretende convencer a la gente de que las experiencias corporales no afectan a la interioridad, todo parece idílico. Sin embargo, a nada que se piense un poco y se conozca la realidad de tantos jóvenes y mayores, la inestabilidad en las relaciones de intimidad, el *fast love* y lo que podríamos llamar la poligamia sucesiva generan grandes heridas y sufrimientos en las personas que lo viven.

A finales del siglo pasado, Zygmunt Bauman desarrolló su metáfora de la modernidad líquida, con la que describe todas las relaciones de intimidad, incluida la familia. En la sociedad contemporánea el matrimonio, ese que era «hasta que la muerte nos separe», y la familia no pueden sostenerse porque el hombre actual no los puede asumir. Todo compromiso es una amenaza contra los proyectos individuales y la constante libertad de elección. La familia es enemiga de la autonomía personal y las relaciones se mercantilizan, la esfera capitalista de consumo se adueña de ellas por lo que el amor, sea el de la pareja o el de la familia, se convierte en bien de consumo, en el que los vínculos estables son una hipoteca inadmisible. Así, nuestra sociedad se caracteriza por «idolatrar» el eterno presente y la prevalencia de lo emotivo y placentero sobre lo racional y reflexivo.

Todas las relaciones de intimidad y, por tanto, las familiares, fluyen, se transforman en un *perpetuum movile* que avanza por caminos inesperados. Es curioso observar cómo en muchas películas o series donde aparecen relaciones íntimas, casi siempre fuera de un vínculo estable, en un momento dado uno de los *partners* quiere nombrar, de alguna manera, la relación que surge, pero el otro le dice algo así como «No le pongamos nombre porque en cuanto digamos que somos novios o pareja, eso nos atará a un modelo y perderemos la espontaneidad». Es decir, «vivamos en el impulso y el deseo porque si ponemos nombre a lo que tenemos, aparecerán las obligaciones, y se acabó la fiesta».

En esta forma de entender las relaciones de intimidad, que se identifican cada vez menos con el matrimonio, no hay problema en que el otro me utilice si yo puedo utilizarlo a él, no hay límites en la expresión erótica, tan solo el mutuo consentimiento. Es interesante esta cuestión porque así nos damos permiso para hacer cualquier cosa. Un ejemplo para pensar: estamos horrorizados de la violencia contra la mujer, como es natural, pero si nos ponemos de acuerdo podemos utilizar la violencia en las relaciones sexuales hasta límites insospechados. Si no véase el éxito de Grey con sus sombras o de las novelas de Maxwell, lo que algunos llaman «porno para mamás». En nombre de la libertad se justifica la violencia.

IV.
LO QUE NO ES FAMILIA

EN NO POCAS OCASIONES es mucho más sencillo delimitar una realidad o definirla no tanto acercándonos directamente sino diciendo lo que no es. En el caso de la familia esto es importante porque así se van despejando cuestiones que luego, a la hora de proponer una definición, o al menos una aproximación a esta realidad social tan compleja, serán mucho más fáciles de comprender.

¿QUÉ NO ES LA FAMILIA?

La unidad mínima de convivencia y consumo

Esta definición es muy socorrida y en ella caben multitud de estructuras de convivencia, precisamente por eso no es válida. Por lo que se caracteriza una definición es por su precisión con el fin de distinguir distintas realidades, en el caso de lo social también. A nadie se le ocurrirá en otras esferas de la vida o en cualquier profesión trabajar con definiciones no ajustadas; por poner un ejemplo, no podemos definir un coche como un vehículo de 4 ruedas apto para el transporte porque aquí cabrían vehículos como un *quad*, una furgoneta, una moto de cuatro ruedas o incluso un minibús. Así no se puede funcionar por la vida.

Por tanto, esta definición que aparece constantemente en medios de comunicación e incluso en los libros de texto de nuestros hijos, no es para nada operativa. De hecho, se acerca más a la definición de hogar. Pongamos algunos ejemplos que demuestran su ineficacia. Un cuartel, una cárcel o un piso de estudiantes son unidades de convivencia y consumo, y para nada se parecen a una familia. Es cierto que la convivencia en el mismo hogar es uno de los rasgos sobresalientes de la relación familiar pero no es determinante. Cuando un hijo está un año estudiando en el extranjero no deja de ser de la familia por la ausencia prolongada de la convivencia y, al mismo tiempo, puede haber alguien acogido en una familia y no por ello deviene en miembro de esta. No nos sirve. La familia es mucho más que la mera convivencia y el consumo conjunto.

Una unidad afectiva y de cuidados (comunity care)

Este modo de entender la familia proviene del ámbito anglosajón y, por tanto, de las sociedades del bienestar y muy individualizadas. Se corresponde perfectamente con las propuestas de autores como Giddens o Beck. Es evidente que el tipo de relación familiar contiene un componente afectivo muy importante y que ello genera facilidad para la atención al otro porque, al fin y al cabo, ser de la misma carne y sangre «imprime carácter». Sin embargo, fundamentar la familia o el matrimonio, en estos casos se puede hablar de los dos a la vez, en las emociones o sentimientos implica que, cuando estos se acaban, el compromiso está abocado a la disolución. El matrimonio, la familia, no es una unión afectiva, sino una unión personal en la que lo decisivo es el acto de la voluntad, donde se involucran impulsos, emociones, sentimientos, deseos, proyecciones, ilusiones, frustraciones... pero si todo esto no se va integrando en el acto de «querer querer», todo queda reducido a relaciones de interés. Relaciones estas que acaban cuando aparecen las dificultades. Entonces vienes y me cuentas lo del cuidado.

También en una residencia o con una persona contratada para atender al anciano hay afecto y cuidados, y no por ello son relaciones familiares. Reducir la persona y sus relaciones al mundo emocional es contentarse con una vida a medias y siempre tiranizada por la volubilidad de las emociones. Se desecha el vínculo, cuando la familia está más allá de los distintos estados emocionales. Esa es la gran posibilidad de la vida familiar. Si no que se lo pregunten a esos matrimonios, que los hay, que tras años de haber sido abandonado uno de los cónyuges por el otro, este vuelve y es acogido e incluso cuidado.

Una unidad especializada en la comunicación íntima

Para los autores que entienden la comunicación humana como lo más definitorio del individuo social, la familia es el lugar de la máxima comunicación y, por tanto, el lugar del «descanso» personal y del gozo. No hay comunicación interpersonal más profunda que el acto conyugal, pues es la meta y la fuente de la vida matrimonial. De esta comunicación profunda surgen la nueva vida humana y su educación. Es cierto también que una de las grandes posibilidades de la vida familiar es que cada uno se manifiesta tal y como es y, así, puede ser acogido por los demás miembros de la familia. En este caso, la familia es lugar de «descanso» y espacio de crecimiento personal, tanto para el acogido como para el que acoge.

Con todo y con ello, esta comunicación tan especializada y profunda no siempre es posible o, al menos se dificulta mucho: con los hijos adolescentes, con un miembro discapacitado, con un miembro en coma, cuando la relación matrimonial sufre momentos de distanciamiento o separación… Es decir, que, si bien la comunicación es decisiva, sigue siendo un elemento parcial en la aproximación a lo que es la relación familiar. Todos tenemos experiencia de que eso de que «hablando se entiende la gente» es una falacia y en la familia muy evidente. Si no, basta con observar a hermanos que llevan tiempo sin relacionarse por cuestiones de herencias. Da igual que se hable, en muchas ocasiones siguen alejados; o esos temas que en el matrimonio son tabú y que, si salen, se deteriora la relación, aunque se lleve muchos años casados. Hablando, se puede entender la gente, es el inicio del camino. No obstante, sin acercar posturas, lo que siempre supone una apertura a la novedad, sin el abandono de los criterios propios y sin la acogida de la realidad de forma distinta a la que se veía en un principio. No hay manera de seguir adelante. Comunicación sí, pero sin apertura y renuncia no sirve de mucho. Esto en la vida familiar, cualquiera que sea el aspecto relacional que se toque, es evidente.

Una estructura social con funciones concretas

Se ha visto, anteriormente, que las primeras corrientes de análisis social describieron a la familia como la unidad mínima de la sociedad que iba evolucionando, cambiando según el signo de los tiempos. De esta manera, la familia en cada época habría desempeñado unas funciones concretas que la sociedad, de algún modo le pedía. Por tanto, la relación familiar existiría en tanto en cuanto tuviera tareas concretas que realizar. Si estas tareas son asumidas por agentes sociales especializados y más competentes, las funciones irán desapareciendo y finalmente la familia sería innecesaria.

Es cierto que a fecha de hoy hay recursos en nuestra sociedad que llevan a cabo funciones que, en otro tiempo, realizaba la familia de un modo técnicamente más eficaz. Por ejemplo, especialistas como los maestros, los psicólogos, los terapeutas... No obstante, la cuestión es si los técnicos que intervienen en la vida familiar son capaces de ofrecer el elemento humano de la relación familiar derivado de los lazos de parentesco. Unido a ello también hay que tener en cuenta que los agentes sociales son incapaces de «llegar a todo», si es que esto es lo que deben hacer, que ese es otro tema interesante.

Como se ha apuntado, la familia posee una gran capacidad adaptativa, de hecho, en terminología sociológica decimos que la familia es «suprafuncional». Es decir, que está por encima de funciones concretas como pueden tener otras estructuras sociales. Así, las instituciones económicas tienen la función concreta de solventar nuestras necesidades vitales, sean estas más o menos básicas y sea el que sea el medio: puede ser por trueque, por intercambio monetario... Del mismo modo las estructuras políticas de la sociedad tienen por fin generar cohesión social y proponer metas para ello; para eso existen las leyes, las fuerzas de orden público, el sistema de impuestos... En el momento en que estas realidades sociales, las económicas y políticas, sobrepasan la función para la que existen, es cuando aparecen problemas sociales como son la mercantilización de las relaciones sociales o la intromisión de los poderes públicos en la esfera privada de las personas o de las familias, entre otros. Sin embargo, la relación familiar no se halla sujeta a estas restricciones y esto radica en dos cuestiones muy importantes.

En primer lugar, la familia es histórica y vitalmente previa a cualquier otra relación o estructura social. Cuando no había reinos, ni estados, ni constituciones ya existía la familia. La familia es el origen de la sociedad, es más, se puede afirmar que la familia es la sociedad «en pequeño», es una microsociedad. De hecho, de la agrupación de la familia en clanes y tribus es de donde empiezan a surgir los primeros estados. Incluso en los orígenes de la democracia en Grecia y Roma, la pertenencia a la ciudadanía y la posibilidad de ejercer los derechos políticos venía por la pertenencia familiar. Siendo esto así, la familia desde los orígenes de la Humanidad ha sido capaz de resolver, más o menos acertadamente, cualquier necesidad de las personas y de las comunidades sociales. Por esto decimos que la familia es «suprafuncional».

Junto con ello, como se ha dicho ya, la familia es la experiencia primera cuando se llega a la vida. Además de la necesidad física de la familia en la infancia, psicólogos y pedagogos constatan cómo la construcción de la identidad personal a partir del dato biológico está estrechamente ligada a las vivencias familiares, tanto por presencia como por ausencia. Es decir, el contacto del individuo con la vida en sociedad sea este niño, adulto o anciano, siempre está mediado por la familia. Cuando la relación familiar desaparece, es débil o patológica se detectan importantes carencias. Para comprobar esto basta con darse una vuelta por colegios, servicios sociales, centros de acogida o residencias de ancianos y analizar la sintomatología de este problema: problemas de salud mental, soledad, falta de sentido, cultura de la muerte...

En segundo lugar, lo propio de la familia es el don, como se analizará más adelante, y eso marca su actuar, así como sus dificultades y patologías. En la esfera económica lo propio es el intercambio, en la vida pública la ley y la pena marcan el actuar, y así está bien porque son sus modos propios de poner en funcionamiento determinados elementos de la vida social, tal y como se ha explicado más arriba. En el mismo sentido, el don, la gratuidad, el amor en definitiva es lo que marca la vida familiar. Es cierto que hay que ponerlo en práctica en cada momento, no es un automatismo. Por establecer una comparación que nos ayude: la escuela es el lugar donde la persona aprende lo necesario para desenvolverse en la vida con competencia, sin embargo, si no se ejecutan constantemente los mecanismos que llevan al aprendizaje nos podemos encontrar con jóvenes que han pasado por la escuela, pero la escuela no ha pasado por ellos. Es decir, la escuela no ha hecho lo que le era propio, sin entrar en detalles aquí de quién tiene la responsabilidad.

En la familia ocurre lo mismo. Cuando la familia se vertebra y se tensiona habitualmente hacia la entrega y el servicio como eje de las relaciones, se pone en activo el don, el amor incondicional. Si esto es así, se entiende que allí donde la familia, o cualquiera de sus miembros, detecta una necesidad que solventar, sea esta la que sea, es atendida desde esta perspectiva: la de la entrega, la de la donación. Cuando se activa el amor, este no tiene límites, no desespera, no se cansa, no distingue, es capaz, por tanto, de resolver, en su medida, cualquier necesidad de sus miembros y, en consecuencia, cualquier necesidad social.

Por tanto, si así se necesita, la capacidad de la familia para hacer crecer en humanidad tanto a los individuos como a los grupos humanos es inabarcable. De aquí que la variabilidad funcional familiar, es decir la multiplicidad de tareas que puede llevar a cabo, que esté siempre mutando, atendiendo a las necesidades y la vulnerabilidad tanto de los familiares concretos como de la sociedad.

En este aspecto hay que evitar irse al lado contrario. Pensar que la familia *per se* es capaz de solventarlo todo y resolver cien por cien, como dicen nuestros jóvenes, cualquier situación. No, eso es «familismo» y como todas las palabras que terminan en -ismo, hace referencia a una ideología. Una serie de creencias incapaces de sostenerse que ven en la familia la salvación universal. Si queremos poner un ejemplo, basta con mirar a la mafia y todos sus derivados. La familia necesita del resto de esferas sociales igual que estas necesitan de ella. La familia es parte de la sociedad y la sociedad se constituye por familias, le pese a quien le pese.

La familia tradicional

He aquí una expresión muy de los defensores de la familia. «Hay que salvar a la familia tradicional», «Esa es la verdadera familia» y afirmaciones por el estilo suelen enarbolarlas algunos que se consideran más conservadores en este campo.

Cuando los que abogan por el mantenimiento o fortalecimiento de la familia y la nombran como «tradicional» están haciendo referencia a la heterosexualidad de los cónyuges, a la fidelidad y exclusividad matrimonial, la autoridad de los progenitores, las presencia de más o menos hijos, la preocupación por su educación, la acogida y cuidado de los mayores... Es una visión tradicional, como decimos, pero, en ocasiones, nos olvidamos de que este tipo de familia también se caracterizaba porque la mujer no participara en la vida social y laboral más allá de las fronteras del hogar y sus tareas domésticas, o que, como en la España de los 50 y 60, la mujer no tuviera capacidad legal, pues esta correspondía a su marido, o que los varones no realizaran tareas domésticas y hasta era bien vista su promiscuidad sexual; sin olvidar la distancia emocional y de comunicación entre el padre y los hijos.

La llamada «familia tradicional» hace referencia a ese modelo que hubo en Occidente después de la Segunda Guerra Mundial y que, según los países, prevaleció hasta los años 70, en España una década más al menos. Es decir, este tipo familiar respondió adaptativamente a una época concreta según unos modelos culturales propios de la época. Como toda forma social con sus aciertos, que en este caso son importantes, pero también con sus errores, que no son menos significativos. No se puede defender volver a un modelo caduco y obsoleto, tanto por los límites de este, como por su incapacidad para dar respuesta a las actuales necesidades de las personas y de la sociedad.

La familia es la familia y como relación social básica que es, es tremendamente adaptativa y, por tanto, capaz de responder con altos niveles de calidad humana a cualquiera de las necesidades o dificultades que van surgiendo en las distintas épocas. Que la familia cambia, es evidente. No tiene nada que ver la familia romana o judía con la familia que surge del primer cristianismo, con la familia en la Europa occidental del XVIII o con la actual.

Por tanto, lo más conveniente es hablar de la familia tal cual, cuantos menos apelativos o adjetivos más claridad. Es verdad que hoy en día muchos conceptos sociales están «vacíos de significado» y cada uno le da el que más le conviene. Esto es sangrante en todos los ámbitos relacionados con la sexualidad, el matrimonio y la familia. De este modo, cuando nos encontramos con una pareja joven y conocemos a la chica, nos presenta al que lleva al lado y dice que es su novio. Si no hemos tenido mucha relación con ella y no conocemos su estilo de vida es imposible saber muy bien qué relación tienen. Que sea su novio ¿quiere decir que están viviendo un camino serio hacia el matrimonio? ¿O quizás que viven juntos de forma más bien estable? ¿O tal vez cada uno vive en casa de sus padres y se juntan el fin de semana para mantener encuentros sexuales? ¿O ella estaba tan desesperada por tener pareja que lo acaba de conocer y ya le llama así al segundo día? Desgraciadamente, con la familia sucede lo mismo. No tiene nada que ver lo que quiere decir estar casados hoy con lo que quería decir hace 50 años a pesar de que se nombre de la misma forma.

V.
¿QUÉ ES LA FAMILIA?

ENTONCES, ¿TODO VALE? ¿A cualquier cosa se le puede llamar familia? Esta es la cuestión. Ciertamente a lo largo de la historia y de las diferentes sociedades las relaciones de intimidad y la convivencia, tanto entre el varón y la mujer como con los hijos, ha adoptado muchas formas. Algunas más próximas a lo que entendemos como familia tradicional, según veremos a continuación, y otras más alejadas o incluso así llamadas pero que realmente han sido formas «parafamiliares». Utilizamos el término de «parafamilia» para aquellas relaciones que, pareciendo formalmente una familia, si profundizamos un poco, se detecta que realmente no lo son porque carecen de alguno de los que pensamos que son sus ítems definitorios.

Se ha hablado anteriormente de que las distintas realidades sociales poseen un modo propio de «ser-en-sociedad» que las define y más allá de eso las convierte en problemáticas. De la misma manera la familia posee un modo propio de «ser-en-sociedad»: es la relación plena de reciprocidad entre sexos y generaciones. Este es el núcleo irreductible de la familia, si esto no se da, o bien nos encontramos ante una familia discapacitada o, lo que es normal actualmente, ante una relación social de intimidad a la que se califica de familiar sin serlo propiamente.

Según Donati, este núcleo de lo que es una familia tendría lo que él denomina «el genoma de la familia», su ADN. La familia se forma a través del varón y la mujer, que se donan recíprocamente, reactivando el don a través de su sexualidad. Por tanto, este «genoma familiar» puede ser expresado de diversas maneras. La familia no tiene una forma concreta y absolutamente definida, la familia cambia y se va reconfigurando en nuevas formas familiares siempre dentro del ámbito de su «genoma».

Entremos de lleno en la explicación de este «carné de identidad» de la familia. Para entenderlo con cierta facilidad podemos decir que la familia se constituye por cuatros rasgos definitorios: el don, la diferencia, la desigualdad y la discriminación. Está claro que con estas palabras provocan cierto rechazo actualmente, pero vamos a ver que son esenciales para entender la relación familiar.

El don

¿Qué es el don? El don es la capacidad que tenemos las personas de aportar algo a los demás sin pedirles nada a cambio, la gratuidad en las relaciones, la ausencia de expectativas de respuesta cuando se hace algo por los demás. Es interesante observar que el don no es incompatible con el intercambio. Cuando hacemos por alguien algo, desinteresadamente, eso hace que en el otro surja el agradecimiento y, de este modo, se activa lo que se llama el circuito del don, aparece la reciprocidad. A un don, la persona es capaz, y así suele hacerlo, de responder con otro don. No se busca la contraprestación, pero habitualmente surge tarde o temprano.

Entendiendo esto así, es fácil comprender que la familia lo tiene todo a favor para activar constantemente las relaciones gratuitas, mirando al otro como es, único e irrepetible, y no como un medio a través del cual uno obtenga beneficios. En la familia es clave darse cuenta de que nos vemos en «la desnudez». No se pueden mantener mucho tiempo las caretas entre los cónyuges, es difícil no conocer los puntos fuertes y débiles de los hijos, es fácil darse cuenta de las propias limitaciones en la intimidad familiar. Únicamente en las relaciones familiares somos capaces de sacar nuestro verdadero yo y aceptar al otro tal y como es.

Evidentemente esto se constituye en una dinámica que valora las relaciones en todo momento. Puede suceder que esta manifestación de cada uno sin tapujos genere distanciamiento e incluso ruptura, tal y como estamos habituados a ver con la gran presencia del divorcio en tantos matrimonios. Sin embargo, esta situación es decisiva para alcanzar la plenitud personal y familiar, pues tan solo cuando uno se manifiesta como es, puede ser aceptado y amado así, como es, sin peros. Se trata de una experiencia universal y fundamental: tantas heridas y traumas del hombre provienen de la experiencia o la percepción de no haber sido amado, especialmente en la infancia; de haber sido abandonado de forma física o emocional por parte de sus padres.

Todo esto es así porque la familia es un espacio de intimidad, es un coto donde las relaciones pueden darse sin juicio o, al menos, con la posibilidad de que aparezca el perdón capaz de regenerar todo. Cuando la familia «se salta» lo propio de la intimidad se pueden dar situaciones problemáticas. Los esposos que discuten fuertemente y uno de ellos se lo cuenta a su madre; esta, como es natural, se pone a favor del hijo y su relación con la nuera o el yerno se hace insufrible. Más tarde los cónyuges se perdonan, se soluciona la situación de partida, pero el mal generado con la madre pervive porque se ha sacado de la intimidad matrimonial algo que debía haber permanecido en ella. La novia que le cuenta a su novio todas las cosas que hace mal su hermana; el novio permanece callado hasta que se posiciona a favor de su compañera y es entonces cuando la chica se enfada con él «porque con su familia no se mete nadie».

Tal y como ya se ha comentado, la donación no es algo que se adquiera una vez y dure para siempre. Al contrario, es un modo de vivir las relaciones familiares que debe «batallarse» todos los días y en cada situación. Es lo más importante que hay que transmitir a los hijos, que el amor siempre puede vencer. Esta es la principal tarea familiar: ser conscientes de que cuando se deteriora la capacidad de entrega, la familia se tambalea.

Es verdad que en otras relaciones sociales la donación también existe, y gracias a ella podemos relacionarnos con las personas viéndolas como un fin en sí mismas y no como un medio. Con todo, el don en la familia tiene dos peculiaridades que lo hacen diferente y único.

Por una parte, la donación en la familia es totalmente incondicional. Incondicional entre los cónyuges que son capaces de entregarse totalmente a través de la unión de sus cuerpos, que es signo y realidad de la unión total de sus vidas. Una donación que no puede excluir la capacidad fértil de ambos, pues si se sacara de la ecuación la apertura al posible nuevo hijo, el don dejaría de ser lo que es, incondicional. También es posible la incondicionalidad entre padres e hijos según su propio modo de ser. Cuántas veces por un hijo se hace lo que no se haría por nadie. ¿Por qué? Porque es lo propio de la paternidad, porque la carne y la sangre son decisivas en las relaciones familiares, aunque muchos lo nieguen.

Tomás Melendo, doctor en Filosofía y en Ciencias de la Educación, y autor de numerosos libros y artículos, dice de la familia que es el «útero social». Esto es aplicable en muchos aspectos, de hecho, se podría partir de esta afirmación para releer todo este libro. Hemos traído a colación esta definición de la familia porque si en la vida cotidiana de las familias desapareciera el don, desaparecería en el resto de la vida social. Las personas pueden entregarse incondicionalmente por los demás si primero ha habido alguien que en cualquier tipo de situación las ha acogido y amado tal cual son, y esto únicamente se da en la familia. Si no podemos perdonar a nuestro padre por algún mal que hayamos recibido de él, ¿cómo será posible perdonar a cualquier otro? No es fácil. En este sentido la familia es donde se gesta la capacidad de servicio en todos los ámbitos sociales, es el lugar de transmisión y entrenamiento de esta actitud.

Partiendo de esta premisa es lógico observar cómo nuestra sociedad cada vez se endurece más. Es fácil encontrar a alguien que no se pare a ayudar a quien lo necesita, usamos y consumimos relaciones según nuestros intereses, nos mantenemos fríos con los demás no sea que luego nos pidan algo, tanta gente que dice que todo se compra y todo se vende. Presumible en una sociedad donde los divorcios son moneda corriente, donde los hijos muchas veces se «abandonan» en la escuela o delante de la pantalla, o donde las relaciones sexuales se han generalizado como divertimento y, desgraciadamente, el número de abusos, en este ámbito, crece también.

La diferencia

Hoy en día es un lugar común la aceptación de la diferencia y su capacidad para enriquecer las relaciones humanas. Por ejemplo, las aportaciones interculturales que nos llegan fruto de los procesos migrantes, o todas las líneas pedagógicas de inserción del diferente en las aulas. Aun con esto, la diferencia entre el varón y la mujer sigue sin entenderse como definitoria de la relación matrimonial, base de la familia.

Aplicamos el concepto de diferencia a esta distinción fundamental pues sin el concurso del hombre y de la mujer es imposible la llegada del hijo según el modo propio que tenemos las personas para hacerlo. Es más, como ya se ha dicho, la donación completa de la corporalidad, que es donación completa de la persona, solamente se da en el acto conyugal abierto a la posibilidad de engendrar a un nuevo ser humano.

De alguna manera se puede decir que el acto conyugal, lo más íntimo del matrimonio, quizás sea al mismo tiempo el acto social por excelencia, pues sin él no es posible que la sociedad siga adelante. Es el lugar de surgimiento de las nuevas generaciones. De aquí que desde antiguo, este fenómeno, el del acto conyugal, se haya revestido de solemnidad, ritos y fiesta. Al mismo tiempo siempre ha sido socialmente protegido y fomentado, pues sin la unión estable del varón y la mujer es imposible que la descendencia encuentre el ecosistema humano adecuado para su desarrollo integral.

Los modos de ver la vida y relacionarnos que tenemos varones y mujeres son diferentes y vienen marcados por lo biológico. Toda la diferencia que hay en las estructuras cerebrales, en el sistema hormonal, así como las que provienen de la educación, son un patrimonio humano casi inabarcable que enriquece la relación familiar y aporta a los hijos las vías necesarias para formar su identidad personal. Las aportaciones de la diferencia sexual en el núcleo familiar también son decisivas a la hora de que los hijos aprendan experiencialmente a relacionarse con el sexo diverso al suyo. Privar a la familia y concretamente a los hijos del universo masculino o el femenino en las relaciones intrafamiliares es cercenarles un espacio de desarrollo que difícilmente es recuperable desde otras instancias.

Se ha puesto de moda reducir la relación de pareja y la familia a un espacio cerrado y totalmente privado. Se ha sobredimensionado la intimidad, dándose a entender que lo que suceda ahí dentro no afecta al resto de la vida social. Ello ha conllevado que el matrimonio esté en franca decadencia social frente a la mera cohabitación. De hecho, si observamos con detenimiento nuestro sistema, el matrimonio en España es un contrato disoluble sin necesidad de causa efectiva: el matrimonio no es para siempre. Por tanto, si alguien considera que su matrimonio es indisoluble lo es por voluntad privada de los cónyuges pues la legalidad vigente no lo ampara. Lo que confirma la prevalencia de la subjetividad como principio rector del matrimonio y la familia.

La desigualdad

Vivimos inmersos en un discurso general donde todos tenemos que ser iguales, parece que sin igualdad no es posible convivir. Hay que eliminar las desigualdades por todos los medios. Pero ¿de dónde surge esta concepción que, si no la analizamos bien, nos parece de justicia? ¿Quién puede estar a favor de la desigualdad?

Ciertamente uno de los grandes logros del modelo liberal que surgió tras la Revolución Francesa fue que todos los ciudadanos éramos iguales ante la ley. Tras siglos de sociedad estamental donde el noble o el clérigo tenían muchos privilegios legales frente al pueblo llano, la idea de la radical igualdad legal fue toda una novedad. Aunque no podemos olvidar que esto se aplicó tan solo a los varones durante muchas decenas de años. Fue el cristianismo quien desde el siglo I abogó por la igualdad de todas las personas, aquello que decía san Pablo de·«ya no hay judío ni griego, libre ni esclavo» porque a los ojos del proyecto de Dios todos habíamos sido igualmente redimidos por Cristo. Esta igualdad comportaba una dignidad total de toda persona.

Uno de los problemas ha sido que a lo largo del siglo xx el modo de entender la igualdad ha cambiado intentando absorber toda la realidad: somos iguales hombres y mujeres, somos iguales hijos que padres, somos iguales alumnos y profesores, somos iguales sacerdotes y laicos... Esto ya no es la igualdad fundamental en dignidad, derechos y responsabilidades, sino que pretende abarcar todas las dimensiones relacionales entre lo que es diverso. Se trata de ideología. La ideología no busca profundizar en la realidad, sino que la violenta para ajustarla a su propuesta. En este caso se obvia la evidencia y surge el igualitarismo.

No se puede negar que existen las desigualdades, pero el punto está en que estas pueden articularse de dos maneras distintas. Aquí es donde entra la familia como actor importante. Un modo de afrontarlas es en beneficio propio, provocándolas y asumiéndolas como una herramienta del poder. «Siempre que esté por encima de otros lo utilizaré para sacar beneficios de cualquier tipo». Sin embargo, otro modo de afrontarlas es vivir la desigualdad, que viene siempre de la diferencia, como un lugar desde el que poder servir a los que, entiéndase bien, «están por debajo». Así padres e hijos tienen la misma dignidad fundamental pero funcionalmente hablando, si los padres no son «más» que los hijos no pueden sostenerlos económicamente, criarlos, educarlos, abrirles a la realidad. Y esto vale para cualquier otra relación en este modo concreto de entender la desigualdad: si el docente no es «más» que los alumnos no puede enseñarles, si el que vive en un país no es «más» que el inmigrante no puede acogerlo, si el sacerdote no es «más» que el laico no puede ser instrumento válido para administrar los sacramentos...

En este contexto es fácil entender que, sin la desigualdad necesaria entre padres e hijos, la familia no existiría. Junto con lo dicho anteriormente, la vida de servicio de los mayores hacia los pequeños en la familia hace que a través de lo cotidiano, los hijos incorporen la donación como algo connatural. De este modo verán y vivirán como normal la escucha paciente, la comprensión, la ayuda al necesitado, la solidaridad... La desigualdad familiar entendida como lugar del don es el *humus* donde crecen las virtudes personales y, en consecuencia, las virtudes sociales como explicaremos.

Resumiendo, si desaparece la desigualdad desaparece al mismo tiempo la capacidad del don y si este desaparece, se hace misión imposible una sociedad que se pueda definir como humana.

La discriminación

Cuando hablamos de discriminación estamos haciendo referencia a que la «arquitectura» de cada uno de nosotros está hecha de sustantivos familiares que siempre conllevan la posesión. De este modo decimos «mi padre», «mi hija», «nuestros nietos», «mis hermanos». En la trama familiar somos unos de otros, somos interdependientes. La dependencia es una realidad inherente a la persona, somos para alguien y alguien es para nosotros si no, no existiríamos. Entre otras cosas, como ya se ha apuntado, la identidad se va construyendo por las relaciones cotidianas significativas, sin ellas el ser humano quedaría reducido a pura animalidad.

Esta interdependencia en la familia hace que el núcleo familiar nos separe a unos de otros. Yo como esposo discrimino a mi mujer del resto de mujeres del mundo porque esa en concreto es «mía» y yo «suyo»: «Yo te recibo como esposa y me entrego a ti en la salud y en la enfermedad, en la pobreza y en la riqueza todos los días de mi vida». Del mismo modo, como padre discrimino a mis descendientes del resto de hijos que pueda conocer, lo mismo para los padres, hermanos y cualquier familiar. Porque son los hijos, los padres y los hermanos de otros.

Esta manera es la única en que puedo poner en marcha la donación, la entrega total. Si tuviéramos que entregarnos totalmente por todos los niños, no nos entregaríamos por ninguno. Así, en la familia se nos trata de forma personal, existe la capacidad y la posibilidad de tratarnos unos a otros como fines en nosotros mismos y no como medios. Aunque parezca evidente es importante darse cuenta de que en la familia nos queremos porque somos familia, queremos al esposo, a la madre, a los hijos o hermanos porque son «nuestro» esposo, «nuestros» hijos, padres o hermanos. Necesitamos seleccionar excluyendo, lo que requiere tomar decisiones, apostar fuerte por la vida y comprometerse, algo que no está nada de moda.

Por los nuestros llevaremos adelante lo que haga falta, hasta entregar la vida si es necesario para que ellos crezcan. Y, si las relaciones están marcadas por el don, todo se hará de forma natural, saldrá casi sin esfuerzo porque el amor matrimonial y esponsal cuando se da, es así. Por los que «no son de los míos», en principio, haremos lo que marque la relación que tengamos: amigos, vecinos, compañeros, conocidos... Evidentemente sin excluir la posibilidad del servicio y la gratuidad en esas relaciones que siempre brotará, si la hemos incorporado a nuestro modo de ser desde la vida familiar, especialmente en la infancia y adolescencia.

Esto puede parecer artificioso o irreal, pero todos los días se dan estas situaciones. Cuando un niño se te acerca llorando y no es tu hijo, avisas a sus padres; cuando cuidas a tu madre enferma noches enteras, pero no cuidas así a tu vecina que tiene a sus hijos y ya lo harán ellos; cuando inviertes toda la paga extra en las vacaciones de tu familia y no en las de tu compañero de trabajo...

Con todo esto, nos damos cuenta de la importancia del don como vertebrador de la vida familiar. Sin él es imposible una vida humana plena y una sociedad madura que sea capaz de velar por sus periferias existenciales. Es tan importante el don que para que se genere, se transmita y se preserve, la familia está constituida como espacio social de diferencia, desigualdad y discriminación, las tres son quienes custodian este precioso tesoro que nos hace humanos.

VI.
LAS APORTACIONES DE LA FAMILIA A LA SOCIEDAD

Tras la lectura de los capítulos anteriores podemos percibir cómo la cultura actual pretende convertir a la familia en una institución privada que depende únicamente de una pareja de adultos cuya convivencia no tiene implicaciones fuera de sí misma. Sin embargo, como se veía en la introducción, es la familia la primera red de apoyo en España. No es difícil comprobarlo: los abuelos que se hacen cargo de los hijos cuando los padres trabajan, el préstamo de dinero sin intereses, los padres que compran una casa o un coche a sus hijos, los hijos que tienen a sus padres ancianos en casa o los atienden todos los días, los familiares que se quedan con los enfermos en los hospitales... La lista podría ser interminable. Como diría Pierpaolo

Donati en este sentido: la familia es generadora de «valor añadido» y de «virtud social».

El valor añadido es un concepto económico que indica el aumento de valor de un producto cuando se procesa o se distribuye. Así, cualquier producto del campo por el hecho de que lo recojan, lo envasen y lo lleven al supermercado aumenta su valor: eso es el valor añadido. Pues bien, la familia también lo «produce». A través de las relaciones familiares se redistribuyen los bienes materiales o afectivos, por ejemplo. Además, no según lo que cada uno puede merecerse sino según las necesidades específicas. No se les compra la ropa y la comida a los niños porque se lo merezcan o hayan aportado algo sino porque son los hijos.

Al final, el valor añadido que aporta la familia, cuando vive como lo que es o al menos lucha por vivirlo, es que las personas que pasan por ella se «enriquecen» con un modelo de relaciones basado en la confianza. Un modo de ver la realidad no como una amenaza o un fastidio sino como un regalo. Un modo de afrontar las relaciones con los demás no basado en la sospecha o la utilización, sino en el acercamiento sin miedo y viendo al otro como un fin.

Por tanto, quien ha vivido sumergido en el núcleo familiar en un ambiente general estructurado por el don, la ayuda recíproca como modo de vida interiorizado, puede «colonizar» el resto de la vida en sociedad. También, sucede al contrario, aquellos que han vivido en ambientes familiares de violencia, represión, utilización o abandono, llevarán consigo con gran facilidad estos «contravalores añadidos». No como un camino del que no se pueda salir, pero sí como un elemento que vertebra su personalidad y que, si se quieren superar, no será raro necesitar de ayuda terapéutica.

Derivado de todo esto pasamos a la segunda cuestión, la de la «virtud social». Es moneda corriente hablar de valores, pero valores tiene todo el mundo porque al fin y al cabo cada sociedad, cada familia, cada persona… le da valor a las cosas. Los nazis o los comunistas tenían valores. Los valores son volubles, son negociables, en cada tiempo hay unos de moda y otros en desuso. Sin embargo, la virtud es aquello que objetivamente construye a la persona porque la virtud, decía Santo Tomás, es la predisposición estable al bien. Que, ante cualquier situación, lo primero que te salga sea hacerlo bien: que cuando tu esposa necesita algo, te salga la ayuda sin pensarlo y sin protestar, que cuando haya que quedarse con tu padre en el hospital lo que te salga sea ofrecerte voluntario y sin discutir...

Las virtudes no son algo abstracto o que se coja de algún sitio a disposición del consumidor. Las virtudes siempre son encarnadas, siempre se perciben en alguien, se reconocen en el actuar de quien tenemos cerca. Las virtudes, por tanto, se aprenden de un modo experiencial: primero viéndolas encarnadas, luego entrando poco a poco en ellas por el hábito y, finalmente, viviéndolas y defendiéndolas. En este proceso, largo y teñido de muchos detalles y momentos cotidianos, la familia es el lugar apropiado y el más efectivo para llevar adelante la educación en virtudes. En definitiva, es la verdadera educación y de la que se deberían derivar todos los demás rasgos y estructuras aprendidas de la persona, superando de una vez por todas la escuela de Rousseau y sus derivados tanto marxistas como liberales.

Una familia que vive en tensión la virtud como modo de relación es una familia donde los hijos y quien se acerca a ella van creciendo en una vida virtuosa. La familia es experta en la búsqueda y detección de la verdad, que eso es la prudencia; en estar atenta a la justicia, dar a cada uno lo que le corresponde que no es otra cosa que ser tratado siempre como un fin y no como un medio; en ser capaz de contenerse ante lo que parece bueno pero a la larga desmorona la vida familiar, la templanza; y en poner en acto la fortaleza: el empuje y resistencia necesarios para que la familia siga adelante. Y de las virtudes cardinales, todas las que se derivan: la paciencia, la escucha, la tolerancia, la constancia, el trabajo bien hecho, la opción por los débiles, la ternura, la misericordia, la continencia...

Cuando en la relación familiar todo este entramado se tiene presente como meta y guía del obrar, este se va distribuyendo por la vida social. Un hijo educado en la paciencia podrá ser paciente con sus alumnos o enfermos en un futuro, si ha sido educado en el trabajo bien hecho será un magnífico albañil, cirujano o funcionario, si ha incorporado la constancia podrá permaneces firme ante las injusticias sociales o personales... y así tantas cosas. Lo que comienza siendo crecimiento en la virtud personal de padres e hijos siempre acaba difundiéndose al resto de relaciones sociales, sean estas las que sean.

Llegados a este punto algún lector podría pensar que todas estas ideas son hermosas pero alejadas de la realidad más cotidiana: «si tú conocieras a mi familia», «si tú supieras lo que he sufrido en esta vida por culpa de mis padres o hermanos, no hablarías así». Quien piensa esto seguramente tendrá experiencias y argumentos más que suficientes para hacerlo, pero lector y escritor comparten en este punto la condición humana, y no por ello se pierde la esperanza en que hasta las dificultades más insalvables, lo sean muchas veces solo en apariencia. Añorar una familia «normal» es una tarea estéril; «en todos sitios cuecen habas» como dice el refranero castellano. Cada familia es un mundo lleno de dificultades y de experiencias estupendas, de sufrimientos y de alegrías. La experiencia no se puede negar y, si bien la familia es el espacio social donde puede darse todo lo dicho y hacer crecer a la persona de modo significativo, también es la relación social donde más se destruye a la persona. Son las dos caras de la intimidad con la que nos podemos encontrar en la familia, sin olvidar toda «la escala de grises» entre una y otra.

En consecuencia, todo lo dicho es parte del gran abanico de posibilidades que el espacio familiar ofrece y que solo él ofrece. La clave estriba en defender el gran bien que la familia aporta a cada individuo y devolverle al original lugar que debe ocupar en el tejido social de nuestra época.

Dicho lo dicho, que es lo fundamental, el matrimonio y la familia aportan realidades objetivas a la sociedad. Hay multitud de estudios que demuestran que los casados se perciben como más felices que los solteros; que viven más tiempo y en mejores condiciones de salud física y mental, ayudando el hecho de estar casados a reducir los riesgos asociados a la depresión, al malestar psicológico, a la hipertensión y a los procesos inflamatorios; igualmente se ha demostrado que la vida familiar mejora los resultados de los tratamientos médicos y que las esperanza de vida es de más de 6 años en casados que en solteros. Un estudio reciente publicado por la Universidad de Toronto afirma que lo adultos que crecieron en familias divorciadas tienen un 60 % más de posibilidades de sufrir un ictus. Con este ejemplo, se detecta que la familia es un factor de protección hasta en elementos insospechados.

Además, la vida familiar es más económica que la vida en solitario, facilita la adquisición de hábitos y ayuda a tener una vida ordenada, favorece la solidaridad intergeneracional y social; los hijos de familias estables obtienen mejores resultados académicos y sufren menos episodios de abandono y violencia en su infancia. La vida familiar hace disminuir las tasas de suicidio y eutanasia, hace caer el coste económico y social del Estado en el mantenimiento de parados, enfermos, discapacitados y ancianos; igualmente atiende y acompaña al hombre en sus distintas etapas vitales, entre otras.

Uno de los mayores retos de la familia es la emergencia educativa ante la que nos encontramos. Los que pisamos las aulas desde hace años nos encontramos cada vez con mayor frecuencia con grandes dificultades en los alumnos. Cada vez son más habituales los casos de TDHA, de TEA, de ansiedad y depresión infantil, así como alumnos que carecen de las estructuras básicas en la relación con los demás y en los procesos de razonamiento. No únicamente en niños de Educación Primaria sino en todos los niveles educativos. No vamos a entrar en estadísticas, pero dos fenómenos pueden darnos pistas de la situación: la caída del cociente intelectual en las nuevas generaciones y el consumo masivo de pornografía que se inicia a los 8 años en España y se generaliza a partir de los 14.

Ante esta situación, la experiencia en las aulas y la literatura científica, que no está inundada de ideología, apuntan a la capacidad que tiene la familia para prevenir, revertir y mejorar las graves carencias y dificultades los hijos en la escuela. Concretamente, la familia estable, con objetivos claros y que está atenta a las necesidades de cada día, donde padre y madre son conscientes de su gran potencia para vertebrar el desarrollo de sus hijos, esa es la familia que mayores posibilidades tiene de responder a la mencionada emergencia en la educación. Luego vendrá la escuela.

No se trata tanto de invertir dinero en especialistas, que también, cuanto de tener clara la importancia de la educación familiar y poner en activo el don en esta esfera. Prácticas tan simples como pasar tiempo con los hijos, aplicar una clara autoridad con ellos, controlar eficazmente las pantallas, conocer sus amistades, comer juntos siempre que se pueda... son realmente una gran ayuda para los hijos y para la relación familiar en general. Sin embargo, los estilos de vida actuales y muchas veces las propias carencias y dificultades de los padres hacen muy difícil la opción real de esta educación familiar. No estamos hablando en abstracto, la principal causa de muerte en nuestros jóvenes es el suicidio y en este escenario la acción familiar es decisiva.

Si bien el objetivo primero de la familia no es mejorar la sociedad, como ya se ha visto, es totalmente imposible buscar la mejora social al margen de la familia. Es necesario que se reconozca el valor social y económico de la familia, no solo en temas tributarios o legales, sino también en la defensa y promoción de la familia como agente social, reconocer su ciudadanía y todo el entramado del asociacionismo familiar. Cuidar la familia es cuidar la sociedad.

VII.
LA FAMILIA A LA LUZ DE LA FE

Benedicto XVI escribió numerosos textos en defensa de la fe y de la necesidad de un Dios bueno para hacer de este mundo un lugar más razonable, justo y humano. En 2023, Ediciones Encuentro publicó un libro recopilando algunos de estos textos bajo el título *Como si Dios existiera*, en el que este gran intelectual mostraba su convencimiento de que nuestro mundo sería mejor si partiéramos de esa hipótesis, en vez de partir de la presunción contraria: la de que sería mejor vivir «como si Dios no existiera» por respeto a la autonomía de cada uno y al pluralismo, que decía Grocio allá por el siglo XVII.

La verdad más real de todas es que Dios existe y se nos ha manifestado en su Hijo. Quizás alguien se haya preguntado por qué a lo largo del texto no ha aparecido el papel de la fe en todo este entramado de la vida familiar. Se podrían haber «salpicado» todos los capítulos con referencias a la Revelación y a la doctrina de la Iglesia pues «en Él somos, nos movemos y existimos». No lo hemos hecho porque queremos mostrar que la necesidad y la bondad de la familia es connatural al ser humano, no hace falta acudir a la argumentación desde la fe. No lo hemos hecho porque todo «lo humano» es cristiano y todo «lo cristiano» es lo más humano, pues la fe viene a responder a todas las ansias y expectativas de la vida. Y no lo hemos hecho porque en el diálogo con el mundo de hoy, con nuestra vecina o nuestro amigo que no tiene fe, los principios de esta quizás no ayuden y tenemos que ser capaces de dar razón de la familia desde aquello que podemos compartir con ellos.

El matrimonio y la familia cristiana se sustentan en la experiencia de la fe, que no es otra cosa que el encuentro personal con Cristo. A partir de este encuentro, la persona empieza a configurarse con el resucitado, en consecuencia, para «vivir en cristiano» hace falta el «alimento» de los sacramentos y la oración. Desde ahí, brota un modo específico de relacionarse con uno mismo, con los demás y con Dios. No es posible el estilo de vida que se describe a continuación sin la fe personal. De este modo, el matrimonio y la familia cristiana no pueden ser nunca una exigencia o una imposición, siempre son una propuesta para aquellos que, por voluntad de Dios, acogen la llamada a una vida nueva.

Siguiendo la enseñanza de la Iglesia y la experiencia de la fe, sabemos que la familia se sustenta en el matrimonio, sacramento que hace presente la entrega incondicional de Cristo por su Iglesia y la respuesta de ella al Redentor. El matrimonio es el lugar donde se manifiesta que el amor es posible para siempre, que la entrega total puede ser una realidad incluso en momentos y situaciones duras y difíciles. Hemos sido creados a imagen y semejanza de Dios, ciertamente perdimos la semejanza por el pecado original, pero hemos sido restaurados por Cristo y, si Dios es el amor mismo, no podemos vivir el amor esponsal y por tanto familiar, fuera de Él. Juan Pablo II dijo que Dios es familia. La verdadera semejanza de Dios en el hombre es «ser familia», reflejo de las relaciones intratrinitarias que viven Dios Padre, Hijo y Espíritu Santo.

La vida cristiana y, concretamente el sacramento del matrimonio, hace posible vivir en plenitud el don como elemento central de la vida. Si nos fijamos, el origen siempre habla del fin, si hemos sido creados por amor y en un acto de amor concreto, nuestra meta es el amor. El ser humano únicamente encuentra su desarrollo y plenitud cuando se entrega, cuando ama: eso es la vocación. Y en el matrimonio está muy claro. El día de la boda los esposos dicen «Yo me entrego a ti y te recibo», si recibimos al cónyuge es que alguien nos lo da y ese es Dios. Realmente el día de la boda estamos consintiendo al plan de salvación que Dios tiene pensado para quien se casa, estamos respondiendo a la vocación al amor de una manera tangible.

En este sentido podemos afirmar que el matrimonio es el camino de salvación y santidad que el Señor pone a los cónyuges para poder entregarse de un modo concreto, con nombre y apellidos. Ciertamente que todo ello se vive en la precariedad humana, con las limitaciones y dificultades propias de cada uno y de la vida, pero el cristiano sabe que Dios siempre precede y acompaña en el camino del amor. Solo basta con decir sí cada día en el camino de la entrega, lo demás todo es gracia.

Esta entrega es total como proyecto y camino: implica la entrega de toda la persona, del tiempo y de los bienes. Por eso el matrimonio cristiano es para siempre porque un amor que se acaba no es amor, es otra cosa. Dios ama siempre, es fiel incluso cuando nosotros lo desechamos. Cristo ha traspasado el umbral de la muerte, por lo que cualquier crisis matrimonial tiene la puerta abierta siempre a nuevas situaciones de crecimiento en el amor. Si la entrega es total lleva incluida la posibilidad de la fecundidad, por eso el matrimonio cristiano tiene en su germen la apertura a la vida. El amor siempre es fecundo, siempre es innovador, siempre genera una nueva vida. Podemos afirmar que los hijos son la «encarnación» del amor de un hombre y una mujer. Quizás viene un hijo cuando no se esperaba o de manera sorprendente, pero Dios siempre sabe más y confiere a los padres la custodia por un tiempo de alguien que ha nacido para no morir jamás.

Del matrimonio surge la familia. Alguien dijo una vez que en los primeros tiempos del cristianismo fueron los mártires la vanguardia de la fe y la evangelización; en la Edad Media fueron los monjes, más tarde las órdenes religiosas de acción social en las aulas, los hospitales... Hoy en día es la familia cristiana. En un mundo secularizado, donde Dios ha sido expulsado de la vida pública, donde más de la mitad de los nacidos en España no son bautizados, en ese mundo «aislado de Dios», la familia cristiana sigue haciendo presente, donde ninguna estructura eclesial llega, que el amor es posible y que, en medio de las dificultades de la vida familiar, Dios actúa y es fiel en su amor al hombre.

Dice Mary Eberstadt, célebre ensayista americana, analizando la secularización contemporánea, que la pérdida de peso de la Iglesia en la sociedad va de la mano de la pérdida de peso de la familia. Equipara la relación entre ambas a la doble hélice del ADN. Van estrechamente unidas Iglesia y familia; una y otra se refuerzan, una y otra se debilitan mutuamente. Ambas surgen del Amor mismo que es Dios y la simbiosis se realiza en el hecho sacramental como ya hemos apuntado: ambas se mueven y rigen por el don, por la entrega, por el servicio incondicional al otro sea quien sea y tanto a tiempo como a destiempo. De ahí, que la familia sea «Trinidad itinerante» como afirmó en una ocasión el santo papa polaco y que sea la actual vanguardia de la presencia de Dios en la sociedad.

En consecuencia, se hace evidente que la evangelización y la pastoral de la Iglesia pase necesariamente por la familia. No son pocos los teólogos que tienen claro que la pastoral parroquial si no pone el eje en la pastoral familiar no funciona. También es evidente en la praxis de tantas parroquias. De la atención a la familia surgen las vocaciones al matrimonio, a la vida consagrada y al sacerdocio, de las familias llegarán los catequistas, los monitores de tiempo libre, los que atienden Cáritas, los que visitan a los enfermos y los que cuidan la liturgia. La lista de servicios es inmensa. Poner en el centro de la vida parroquial a la familia como «comunidad evangelizada y evangelizadora» es poner el centro en el don y «la caridad de Cristo que nos apremia», hay urgencia en anunciar el Amor a tanta gente que nos rodea y vive sumida en su propio yo, sin una esperanza que llegue más allá de la muerte.

Por todo esto se comprende que la familia sea denostada y atacada. El hombre contemporáneo, queriendo llevar adelante su proyecto de persona y sociedad necesita desembarazarse de la familia que siempre muestra que la vida se recibe y que el otro siempre es digno de ser amado, lo que suele trastocar cualquier proyecto de autoafirmación o de poder. Atacar a la Iglesia es atacar a la familia cristiana, e intentar arrinconar o destruir a la familia afecta profundamente a la Esposa de Cristo.

Una de las dimensiones más importantes de la vida familiar es la educación de los hijos, que no es otra cosa que continuar el compromiso adquirido el día del matrimonio de recibir de Dios los hijos libre y amorosamente, y educarlos en la fe de su Iglesia. La educación, y más la educación en la fe, es prolongar el acto de vida que supone engendrar a un hijo porque el ser humano no solo nace, sino que también se hace. Somos don de Dios en nuestro origen y estamos en construcción constante. En el camino de la libertad real no es posible nunca lo uno sin lo otro.

Con este fundamento, no hay educación completa sin la fe, solo ella es capaz de llevar a plenitud el proyecto de Dios sobre cada uno y poder llegar a decir con san Pablo «ya no soy yo, es Cristo quien vive en mí», eso es la santidad.

En este punto hay que aclarar el concepto de «transmisión de la fe». La fe no se puede transmitir porque es una virtud teologal, es decir, que Dios se la regala a quien quiere: los padres no podemos dar la fe a nuestros hijos. Esto es muy esclarecedor porque tantas veces hay hijos que viven al margen de la fe y los padres lo viven como un gran fracaso personal. Nada más lejos de la realidad porque junto con la elección absolutamente misteriosa que Dios hace sobre cada uno para regalarle la fe, está la libertad del hijo para entrar en los caminos de Dios.

Lo que hacemos los padres es generar un estilo de vida en el que los hijos puedan vivir con naturalidad la relación con Dios, llevarlos a las puertas del encuentro con Cristo. Y es nuestra obligación y, sobre todo, nuestra ilusión y la mayor herencia que podemos dejarles. En este sentido es cómo se ha de utilizar el concepto de la transmisión de la fe a los hijos.

Siguiendo las investigaciones de Christian Smith, uno de los sociólogos de la religión más influyentes de Estados Unidos, en el proceso de la transmisión de la fe a los hijos son dos las claves. La primera, una vida familiar en la presencia del Señor porque, al fin y al cabo, en una gran medida los hijos viven lo que viven los padres. La segunda, hablar de la fe con los hijos todas las semanas, lo que los pedagogos llaman «establecer procesos metacognitivos»: hablar y reflexionar sobre lo vivido. En este caso desde la intervención y la ayuda de Dios. Tanto en los acontecimientos importantes de la vida, un nacimiento, una boda, un fallecimiento, un cambio de domicilio..., como en la cotidianeidad.

Esto no es nada nuevo porque esa es la pedagogía de Dios con su pueblo Israel y con nosotros, lo que en teología se llama la Historia de Salvación. Dios actúa en la historia y su Palabra la ilumina, la explica. Y, a la vez, Dios se manifiesta en la Palabra que avanza, construye e interpreta los acontecimientos concretos. Así pues, los padres estamos llamados a acompañar a nuestros hijos a acoger a Dios en todos los acontecimientos, pues «no se nos cae ni un pelo de nuestra cabeza sin que Él lo sepa», a iluminar sus vivencias y a explicárselas desde la acción misericordiosa de Dios, porque su Palabra «es lámpara para mis pasos, luz en mi sendero», como dice el salmo, así como con la vida de oración y la práctica de los sacramentos.

Daría para otro libro seguir ahondando en el camino del amor familiar, pero todo lo dicho anteriormente sobre la familia como espacio social y personal construido en el don, la diferencia, la desigualdad y la discriminación puede injertarse perfectamente en la teoría y práctica de la vida cristiana familiar.

A MODO DE CONCLUSIÓN

En estas páginas hemos hecho una aproximación a la familia desde un enfoque sociológico, pero no por ello se han dejado de lado aportaciones de la antropología, la historia, la psicología, la pedagogía, la filosofía o la teología. La familia es un campo de estudio casi inagotable como cualquier realidad social, más aún si cabe teniendo en cuenta que ella es germen y sostén tanto de la persona como de la comunidad humana.

Ciertamente nos hemos dejado temas muy interesantes en el análisis de la familia, pero cada uno de ellos nos llevaría a escribir muchas páginas más y es muy bueno dejar «puertas abiertas». De hecho, quedan aún muchos temas sobre los que convendría seguir pensando: las relaciones y dificultades en el matrimonio, la educación de los hijos, la acogida de los mayores en el seno familiar, las múltiples carencias de la preparación al matrimonio y cómo afrontarlas, el papel de las adicciones en la vida familiar, que alcanzan niveles de presencia inimaginables, los aspectos éticos de las relaciones sexuales conyugales y la castidad, la intromisión de las redes sociales y las pantallas en las relaciones familiares.

Hablar de la familia es hablar del bien común. Aquel bien que cuando se pone en marcha en un grupo humano revierte en todos sus miembros, sin excepción. Es aquel bien que responde a lo que ansía el corazón del hombre y que, en una medida importante, la vida social pone en marcha como fruto de relaciones virtuosas entre las personas. No debemos confundirlo con el interés general tan de moda en los tiempos que corren. El interés general es lo que el poder o un grupo de influencia dice que es necesario para que todo marche bien, pero surge de la ideología. Por lo que siempre será una visión sesgada cuanto menos y una manipulación de las masas en muchos de los casos. El llamado interés general ha llevado a aprobar leyes como las del divorcio, el aborto, la píldora del día después, el matrimonio de personas del mismo sexo, la FIV y tantas otras sobre las que convendría seguir profundizando para hacer presente en la sociedad una antropología adecuada al corazón del hombre.

La familia en la cultura contemporánea aún no es de interés general, va por otros derroteros, más al servicio de las ideologías que de la propia institución familiar. La promoción y la protección de la familia debe encuadrarse en el bien común, siempre orientado hacia un bien mayor, que es el de la entera sociedad.

No debemos tener miedo a hablar de la familia y a defender el estilo de vida que de ella surge porque nos jugamos el futuro de los que vienen detrás. También el presente. El psiquiatra Enrique Rojas ha manifestado en varias ocasiones que la verdadera epidemia actual es la del divorcio. Divorcio y anticoncepción son los dos grandes males que bajo capa de libertad y avance social van dejando personas heridas por el camino, hasta incluso «muertos vivientes». No nos quedaríamos lejos de la realidad si afirmamos que ambos han sido el origen de uno de los mayores cambios sociales que se han dado en las relaciones humanas a lo largo de la historia.

Quizás alguien piense que lo leído en estos capítulos puede calificarse de utópico, inalcanzable, pero creo firmemente que no es así. Ahora están de moda las distopías, esos futuros más o menos cercanos totalmente oscuros y trágicos que nos muestran tantas películas y series, pero es eso, solo una moda pasajera. Frente a la incertidumbre y desesperanza que muestra nuestra sociedad, san Juan Pablo II, tomando una idea de san Pablo VI, proclamó la construcción de la «civilización del amor» como algo real. Real si dejamos de preocuparnos tanto por proyectos de mejora social y tecnológica, y nos adentramos en una vida familiar sensata y sincera, a veces dura y sufrida, pero siempre más fecunda y humana. Un trabajo en lo cotidiano que, mantenido y confiado a Aquel que todo lo puede y es el Amor mismo, siempre da fruto y fruto abundante. Como decíamos al inicio, debemos insistir en que el tiempo que nos ha tocado vivir es el mejor porque así lo ha querido y permitido la Providencia. No he pretendido ser profeta de calamidades, sino que he intentado describir lo más acertadamente posible la difícil situación actual de la familia para destacar sus potencialidades y abrir un espacio a la esperanza desde la realidad y no desde la ideología.

Como dice Scott Hahn, no nos preocupemos tanto por la sociedad que vamos a dejar a nuestros hijos, preocupémonos de verdad qué hijos vamos a dejar a esta sociedad. Ahí sí que podemos ser protagonistas del cambio.

POR SI QUIERES PROFUNDIZAR

ATHIÉ, R. – HURTADO, R. (2019) *De la familia a la comunidad. Un estudio interdisciplinario,* Eunsa.

ATHIÉ, R. – ROS, J. (2019) *Subsidiariedad. Familia, comunidad y sociedad política,* Tirant.

BAUMAN, Z. (1999) *Modernidad líquida,* Fondo de Cultura Económica.

BAUMAN, Z. (2005), *Amor líquido: acerca de la fragilidad de los vínculos humanos,* Fondo de Cultura Económica.

DÍAZ, E. (2000) *Posmodernidad,* Biblos.

DONATI, P. (2003) *Sociología de la familia,* Eunsa.

DONATI, P. (2014) *La familia. El genoma de la sociedad,* Rialp.

HAHN, S. (2019) *La primera sociedad. El matrimonio y la restauración del orden social,* Rialp.

PÉREZ ADÁN, J., AZNAR, J., ROS, J. (2020) *Pasar el testigo. Filiación y paternidad en la sociedad contemporánea,* Eunsa.

ROS, J. (2018) "La familia como relación social", en *Correlatos,* Año 1, núm. 1, pp. 11-41.

ESTE LIBRO, PUBLICADO POR
EDICIONES RIALP, S.A.,
MANUEL URIBE 13-15, 28033 MADRID,
SE TERMINÓ DE IMPRIMIR EN
ANZOS, S. L., FUENLABRADA (MADRID),
EL DÍA 7 DE MAYO DE 2025.